a gift from Marte Baeckstrom

December 1982

(purchased in Lappland, Sweden)

Published by: ESSELTE GRAKO — Stockholm, Sweden, 1981.
Introduction text: Gunnar Heilborn.
Layout: Gunnar Heilborn and Giancarlo Rocchi.
Colour separations and printing: Giovanni Trimboli S.N.C., Italy.
ISBN 91-970058-2-7

NORWAY   SWEDEN   FINLAND

THE LANDS
OF
THE MIDNIGHT SUN

Featuring the photographs

of

Giovanni Trimboli

Text: ENGLISH GERMAN SWEDISH NORWEGIAN FINNISH

INTRODUCTION

Meet an exciting and unusual part of Europe, countries with a magnificent scenery, historical places and friendly people determined to make your stay an unforgettable event so that you will always look forward to returning to the Lands of the Midnight Sun!

These are countries with a rich past: history, culture, and traditions. Countries which have adjusted to, and often led the development of today's modern society, with sophisticated technology, advanced industry and extensive know-how, which are respected, appreciated and much in demand throughout the world.

At a time when the rest of Europe is building tourist-complexes with giant hotels, swimming-pools and parks, our countries can offer you an original, incomparable, untouched countryside, the unique midnight sun, majestic mountains, clean air, large lakes, wild animals and a wonderful archipelago.

Finland, Norway and Sweden are at the same latitude as Alaska, Greenland and Siberia but have a relatively mild climate due to the Gulf Stream, passing Norway's Atlantic and Arctic Ocean coasts.

Long before you reach the midnight sun up in the north, there are many beautiful spots and attractions worth seeing, threaded like a string of pearls from Skåne in the south of Sweden to North Cape in the north of Norway at the Arctic Ocean.

Visit one of the many castles in the lowland or in the beech-forests in Skåne, or join a canal-tour on one of the beautiful white boats on Göta Canal, "Sweden's Blue Ribbon" through one of the most beautiful countrysides of Sweden.

Experience old traditions and world-famous skills in arts and crafts by the glowing furnaces at the glass-works in Småland in Sweden and find fine souvenirs in the shops.

Go back in time to 500 B.C. on Öland or Gotland, the interesting islands in the Baltic Sea, rich in monuments from pre-historic times: ship tumuli, monumental ancient castles and stone churches.

Swim, sail, dive or fish somewhere on the Swedish west coast. Here are the long, soft beaches of Halland, the barren archipelago of Bohuslän — a summer and holiday paradise for everyone. Take part in the Midsummer Eve's celebration somewhere in Dalecarlia, Sweden, where it is traditionally and spontaneously celebrated.

Starting from the south, one can best get to know Norway by traveling through Setesdalen, the longest and most remarkable valley in Sørlandet.

The route passes between high mountains and old, well-preserved settlements by the calm waters of Bygglandsfjorden.

Hardly anywhere in the world one can find a coast so rich in fjords as the coast of Norway. The fjords in Vestland are as numerous as they are beautiful: Sognefjord, Nordfjord, Geiranger and Romsdalsfjord. The routes taking you there are by themselves an experience, along steep slopes, through long mountain tunnels and with hairpin bends clinging to the rock-face.

High, wild waterfalls rushing down cliffs, calm deep fjords, reflecting the powerful mountains, flourishing, green valleys — the countryside is one of the main attractions in Norway.

Travelling thorugh northern Norway, through the Land of the Lapps, to North Cape and standing at the top of Europe enjoying the Midnight Sun will leave a forever lasting impression of this unique part of the world.

The Finnish archipelago with approx. 30.000 islands, is a magnificent experience when travelling to Finland by boat from the west.

Get to know the special character of Helsinki, by visiting, for example, the Market Place, where fresh fish is sold. Stroll around in "The White City of Scandinavia" and see the things Finland has become world-famous for: glass, jewels, textiles and furniture.

Of course, "The Land of the Thousand Lakes", and especially the east lake district, Saimen, is best seen by boat, steaming, puffing, sailing or rowing over the wide bays, through narrow straits between countless islands and islets. You will find the magnificent countryside in Nordkarelen: glittering lakes and roaring falls. Sometimes a wolf or a bear may disturb the total silence of the wilderness.

A visit to the waterfalls at Pielis or Kitkajouki is very exciting. Finnish Lapland is the home of the Lapps and their reindeer.

There are salmon in the rapids, snow grouse in the mountains and cloudberries on the marshes. And in some streams you can try your luck at gold-panning.

Wherever you are in Finland, it is never far to a Finnish sauna — you will find them in the cities, in the archipelago and by the lakes.

A warm welcome to the exciting and unusual Lands of the Midnight Sun!

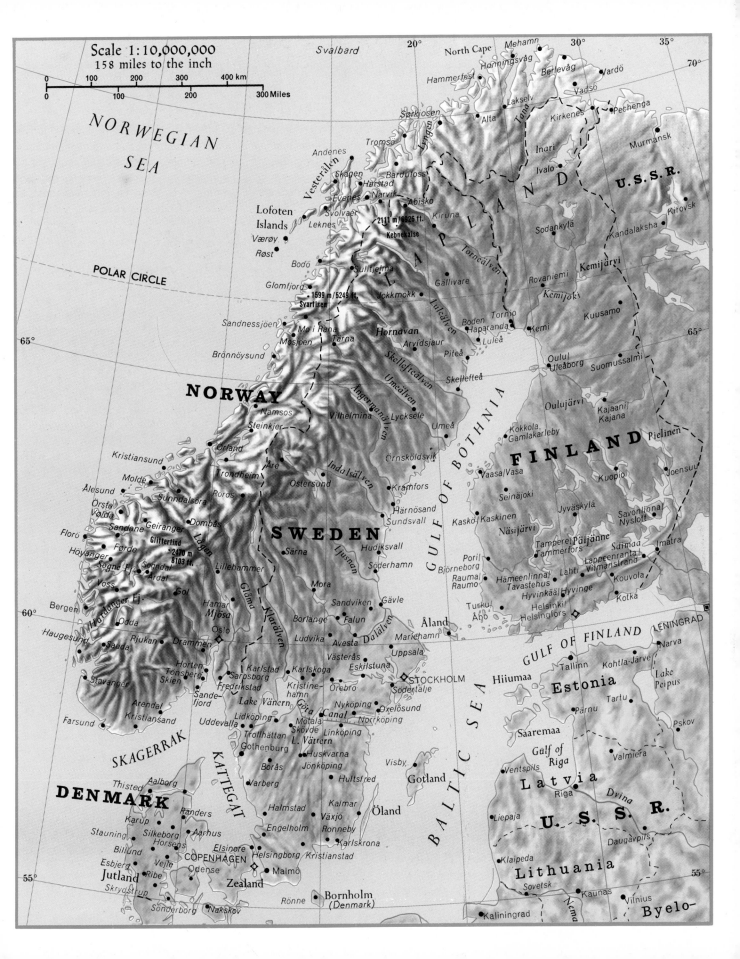

Scale 1:10,000,000
158 miles to the inch

0 100 200 300 400 km
0   100   200   300 Miles

**NORWEGIAN
SEA**

Svalbard

20°   30°   35°

North Cape   Mehamn
Honningsvåg   70°
Hammerfest   Berlevåg
                Vardö
Sørkjosen   Lakselv Kirkenes Vadso
      Alta   Tana   Pechenga
Tromsö Lingen   Inari
Andenes   Murmansk
Vesterålen Skagen Bardufoss Sodankylä   **U.S.S.R.**
Harstad Narvik
Evenes Svolvær Abisko   Kirovsk
Lofoten Leknes Kiruna   Kandalaksha
Islands   2111 m/6926 ft.
Værøy   Kebnekaise   **L A P L A N D**
Røst   Kemijärvi
      Bodö   Sulitjelma   Torneälven Rovaniemi
POLAR CIRCLE   Gällivare   Kuusamo
      Glomfjord   Jokkmokk   Kemijoki
            1599 m/5249 ft.   Luleälven   Boden Tornio
      Svartisen   Hornavan Haparanda Kemi
Sandnessjöen   Mo i Rana   Arvidsjaur Luleå   Suomussalmi
      Mosjöen Tarna   Piteå   Oulu   65°
65° Brönnöysund   Hornavan Skellefteälven   Uleåborg
                              Skellefteå   Oulujärvi
            NORWAY   Umeälven   Kajaani
                  Ångermanälven Lycksele   Kajana Pielinen
      Namsos   Vilhelmina   Umeå   **FINLAND**
      Steinkjer   Joensuu
Kristiansund Örland   Örnsköldsvik Kokkola
Molde Trondheim   Åre   Indalsälven Kramfors Gamlakarleby Kuopio
Ålesund Sunndalsöra Röros Östersund Härnösand Vaasa/Vasa
Örsta   Dombås   Sundsvall Seinäjoki Jyväskylä Savonlinna
Volda Sandane Geiranger   Kasko Kaskinen Nyslott
Florö   Förde Glittertind   **SWEDEN** Näsijärvi Tampere Päijänne Sdimaa
      Sogne Fj. 2470 m Idgen Särna   Tammerfors Lappeenranta
Höyanger   8103 ft. Lillehammer Ljusnan Hudiksvall Pori Hämeenlinna Lahti Vilmanstrand
Voss Soondal Årdal   Söderhamn Björneborg Tavastehus   Kouvola
      Hardanger Fj. Sol Mora   Raumo Hyvinkää Hyvinge Kotka
Bergen   Hamar Gläma Sandviken Gävle Turku Helsinki
60° Odda Mjösa   Borlänge Falun   Åbo Helsingfors 60°
Haugesund Rjukan Oslo Klarälven Ludvika Avesta Dalälven Åland
Sauda   Drammen   Mariehamn   **GULF OF FINLAND** LENINGRAD
      Horten Karlstad   Västerås Uppsala   Narva
Stavanger Tönsberg Karlskoga Eskilstuna
      Skien Sarpsborg Karlstad Örebro **STOCKHOLM** Hiiumaa Tallinn Kohtla-Järve Lake
Arendal Sandefjord Fredrikstad Kristinehamn Södertälje   **Estonia** Peipus
      Kristiansand Lake Vänern Göta Canal Nyköping Tartu
Farsund   Lidköping Motala Oxelösund Saaremaa   Pskov
      Uddevalla Trollhättan Skovde Linköping Norrköping   Pärnu Valmiera
            Gothenburg L. Vättern Huskvarna
SKAGERRAK   Borås Jönköping   Visby Gulf of **Latvia**
            Varberg   Hultsfred   Riga Ventspils
      Thisted Aalborg **KATTEGAT** Halmstad Kalmar Gotland Riga Dvina
DENMARK Randers   Engelholm Växjö Öland   Liepaja Daugavpils
Karup   Silkeborg Aarhus Ronneby   **U.S.S.R.**
Stauning Horsens   Helsingborg Karlskrona
Billund Vejle Elsinore Kristianstad
Esbjerg Ribe **COPENHAGEN** Odense Klaipeda
55° Skrydstrup **Jutland** **Zealand** Malmö Sovetsk **Lithuania** 55°
Sönderborg Nakskov Rönne **Bornholm** Kaunas
            (Denmark) Kaliningrad Nema Vilnius
                                    Byelo-

GULF OF BOTHNIA

BALTIC SEA

EINLEITUNG

Erleben Sie einen aufregenden und ungewöhnlichen Teil Europas, Länder mit einer großartigen Landschaft, historischen Stätten und freundlichen Menschen — alles dazu angetan, Ihren Aufenthalt zu einem unvergeßlichen Erlebnis zu machen, so daß Sie immer gern in die Länder der Mitternachtssonne zurückkehren möchten.

Diese Länder blicken auf eine reichhaltige geschichtliche und kulturelle Vergangenheit und auf vielfältige Traditionen zurück. Es sind Länder, die mit der Entwicklung der modernen Gesellschaft Schritt gehalten haben, oft sogar führend dabei waren; Länder, die über eine hochentwickelte Technologie, eine fortschrittliche Industrie und ein umfassendes Know-How verfügen — Faktoren, die in aller Welt geachtet, geschätzt und begehrt sind.

Zu einer Zeit, da man im übrigen Europa riesige Touristenzentren mit Schwimmbädern und Parkanlagen errichtet, können unsere Länder Ihnen die Ursprünglichkeit der Natur und eine unvergleichliche und unberührte Landschaft bieten — mit der einmalig schönen Mitternachtssonne, majestätischen Bergen, reiner Luft, großen Seen, wilden Tieren und einer wunderbaren Inselwelt.

Finnland, Norwegen und Schweden liegen zwar auf demselben Breitengrad wie Alaska, Grönland und Sibirien, doch ist das Klima dort aufgrund des Golfstroms, der an Norwegens Atlantikküste und der Küste zum Nördlichen Eismeer vorbeifließt, verhältnismäßig mild.

Schon auf Ihrem Weg gen Norden zum Gebiet der Mitternachtssonne kommen Sie an zahlreichen attraktiven Orten und Sehenswürdigkeiten vorbei, die sich von Schonen im Süden Schwedens bis hin zum Nordkap im Norden Norwegens am Nördlichen Eismeer wie Perlen auf einer Kette aneinanderreihen.

Besuchen Sie eines der vielen Schlösser im Tiefland oder in den Buchenwäldern Schonens, oder unternehmen Sie mit einem der Strahlendweißen Schiffe eine Fahrt auf dem Göta-Kanal, dem ''Blauen Band Schwedens'', das sich durch eine der schönsten Landschaften Schwedens zieht.

Bei den Glashütten in Småland mit ihren glühenden Öfen können Sie alte schwedische Traditionen erleben und das weltberühmte Kunsthandwerk bewundern, und in den Geschäften finden Sie erlesene Andenken.

Machen Sie auf den Ostseeinseln Öland oder Gotland einen Ausflug in die Vergangenheit bis zurück in die Zeit um 500 v. Chr. Sie sehen dort nämlich eine Vielzahl von Funden aus vorgeschichtlicher Zeit, wie z.B. Schiffssetzungen, Bauta-Steine, alte Burgen und Felskirchen.

Genießen Sie es, irgendwo an der schwedischen Westküste zu schwimmen, segeln, tauchen oder zu angeln. Dort an der Westküste finden Sie nämlich die langen Sandstrände Hallands und die kahlen Klippen der Inseln vor Bohuslän — ein wahres Sommer- und Ferienparadies. Erleben Sie irgendwo in Dalarna das schwedische Mittsommernachtsfest, das dort nach altem Brauch in natürlicher Ungezwungenheit gefeiert wird.

Von Süden aus kann man Norwegen am besten kennenlernen, indem man durch Setesdalen reist, das längste und außergewöhnlichste Tal Sørlandets.

Der Weg führt zwischen hohen Bergen hindurch und vorbei an alten, guterhaltenen Siedlungen an den stillen Gewässern des Bygglandsfjords. Eine Küste mit so vielen Fjorden wie in Norwegen hat auf der Welt kaum ihresgleichen.

In Vestland gibt es ebenso zahlreiche wie schöne Fjorde, z.B. Sognefjord, Nordfjord, Geiranger und Romsdalsfjord. Ein Erlebnis für sich ist bereits der Weg zu den Fjorden: an steilen Abhängen entlang, durch lange Bergtunnel und auf Wegen mit Haarnadelkurven, die aussehen, als klammerten sie sich an die felsige Oberfläche.

Die Landschaft stellt in Norwegen eine der Hauptattraktionen dar: hohe, ungezügelte Wasserfälle, die über Felsklippen in die Tiefe hinabstürzen, stille, tiefe Fjorde, in denen sich die mächtigen Berge widerspiegeln, und Täler, in denen es grünt und blüht.

Es ist ein unvergeßliches Erlebnis, wenn man durch das nördliche Norwegen, das Land der Lappen, zum Nordkap reist und am nördlichsten Punkt Europas die Mitternachtssonne erlebt.

Die finnische Inselwelt mit ihren rund 30.000 Inseln bietet einen überwältigenden Anblick, wenn man von Westen aus mit dem Schiff nach Finnland kommt.

Lernen Sie den besonderen Charme Helsinkis kennen, indem Sie zum Beispiel den Markt besuchen, wo frischer Fisch verkauft wird. Bummeln Sie durch die Einkaufsstraßen der ''Weißen Stadt Skandinaviens'' und schauen Sie sich die Dinge an, die Finnland in aller Welt berühmt gemacht haben: Glas- und Kristallwaren, Schmuck, Textilien und Möbel.

''Das Land der Tausend Seen'' und besonders Saimen, das östlich gelegene Seengebiet, läßt sich am besten mit einem Motorschiff, einem Segelschiff oder Ruderboot erforschen, das einen zu den weiten Buchten und durch enge Meeresstraßen zwischen den unzähligen kleinen und großen Inseln bringen kann. Sie werden die faszinierende Landschaft Nordkarelens bewundern können: schimmernde Seen und rauschende Wasserfälle. Mitunter wird die Totenstille der Wildnis von einem Wolf oder einem Bär unterbrochen.

Ein besonderes Erlebnis ist auch ein Besuch der Wasserfälle bei Pielis oder Kitkajouki. Im finnischen Lappland wohnen die Lappen mit ihren Rentieren.

In den Stromschnellen findet man Lachse, in den Bergen Schneehühner und auf den Moorwiesen Multbeeren. An einigen Flüssen können Sie sogar Ihr Glück beim Goldwaschen versuchen.

Ganz gleich wo Sie in Finnland sind, eine finnische Sauna ist immer in der Nähe — Sie finden sie in den Städten, auf den Inseln und an den Seen.

Herzlich willkommen in den faszinierenden, ungewöhnlichen Ländern der Mitternachtssonne!

1

In Norway the first sight of the Midnight Sun can be had on a level with Mo-i-Rana and northwards. The 307 m high North Cape Cliff, falling steeply into the Arctic Ocean, is an excellent outlook.

In Norwegen kann man die Mitternachtssonne zuerst in Mo-i-Rana und weiter nördlich sehen. Ein ausgezeichneter Aussichtspunkt ist das 307 Meter hohe Nordkap-Kliff, das steil ins Eismeer hinabfällt.

I Norge syns midnattssolen redan i höjd med Mo i Rana och sedan hela vägen norrut. En klassisk utsiktsplats är den 307 m höga Nordkapsklippan, som stupar brant, rakt ner i Ishavet.

I Norge kan man se midnattsolen allerede véd Mo i Rana, og siden hele veien nordover. Et klassisk utsiktspunkt er det 307 m høye Nordkapp platået, som stuper bratt rett ned i Ishavet.

Norjassa näkyy keskiyön aurinko jo Mo i Ranasta lähtien pohjoiseen. 307 m korkea Nordkapkallio, joka viettää akkijyrkkänä Jäämereen, on klassinen auringon ihailupaikka.

Möt en spännande, annorlunda del av Europa, länder med storslagen natur, historiska platser och vänliga människor, som kommer att vara stolta över att försöka göra Ert besök till ett oförglömligt minne, som kommer att få Er att alltid längta tillbaka och att återvända till midnattssolsländerna.

Detta är länder, som har så mycket att ge och bjuda på från det förgångna: historia, kultur och tradition. Länder som anpassat sig till, och ofta leder utvecklingen i dagens moderna samhälle, med högklassig teknologi, avancerad industri och ett vittomspännande know-how, respekterat, uppskattat och ofta anlitat ute i världen.

Samtidigt som övriga Europa skapar sin fritidsmiljö med jättehotell, swimmingpools och parkanläggningar, kan våra länder bjuda Er på den ursprungliga, ojämförbara, orörda naturen: den unika midnattssolen, de mäktiga fjällen, den rena luften, de stora sjöarna, de vilda djuren och de underbara skärgårdarna.

Finland, Norge och Sverige ligger på samma breddgrader som Alaska, Grönland och Sibirien, men har ett förhållandevis milt klimat tack vare Golfströmmen, som går upp utmed Norges Atlant- och Ishavskust.

Långt innan man når midnattssolen längst uppe i norr, finns sevärdheter, skönhet och aktivitet, uppträdda som på ett pärlband från Sveriges Skåne i söder till Norges Nordkap i norr uppe vid Ishavet.

Besök ett av de många sköna slotten på slätten eller i bokskogen i Skåne. Följ med på en kanaltur med någon av de vackra vita båtarna på Göta Kanal, Sveriges blå band, som slingrar sig fram över spegelblanka vatten, genom några av de mest sommarfagra landskapen i Sverige.

Upplev gammal tradition och världsberömd hantverksskicklighet i de glödande hyttorna vid de småländska glasbruken i Sverige, och gör fina souvenirköp i brukens fyndbodar.

Följ tiden bakåt ända till ca 500 f.Kr. på Öland eller Gotland, de särpräglade öarna i Östersjön, rika på fornlämningar från gångna tider: skeppssättningar, bautastenar, fornborgar och stenkyrkor.

Bada, segla, sportdyk, fiska och roa Er någonstans på den svenska västkusten. Här finns Hallands långa mjuka sandstränder, Bohusläns karga blankslipade skärgård — ett sommar- och semestereldorado för både stor och liten. Deltag i midsommarfirandet någonstans i Dalarna, Sverige, där det firas och upplevs riktigt traditionellt och genuint.

Att söderifrån stifta bekantskap med Norge, kan med fördel göras med en färd genom Setesdalen, Sörlandets längsta och märkligaste dal.

Vägen vindlar fram mellan höga berg och gammal väl bevarad bebyggelse och går utmed Byglandsfjordens stilla vatten.

Knappast någonstans i världen finns en motsvarighet till Norges fjordrika kust. Vestlandets fjordar är lika många som sköna: Sognefjord, Nordfjord, Geiranger och Romdalsfjord. Vägarna, som för dit är i sig själva en upplevelse, där de bär utmed branta stup, genom långa bergstunnlar och i serpentinform biter sig fast på fjällväggarna.

Höga vilda forsar, som kastar sig utför fjällstupen, stilla djupa fjordar, som speglar de mäktiga bergen, frodiga gröna dalar — naturen är en av de största attraktionerna i Norge.

Att sedan ta sig upp genom Nordnorge, genom samernas rike, till Nordkap och att stående på Europas topp uppleva midnattssolen, ger Er ett bestående intryck av denna annorlunda del av världen.

Den finländska skärgården med ca 30000 öar är en magnifik upplevelse för den som närmar sig Finland med båt västerifrån.

Känn Helsingfors exotiska, speciella prägel på t.ex. Salutorget, där fiskare lägger till med sina båtar för att sälja sin färska fångst. Ströva runt i "Nordens vita stad" och se mycket av det som Finland blivit världsberömt för: glas, juveler, textilier och möbler.

"De tusen sjöarnas land" och speciellt det östra sjöområdet Saimen, upplevs naturligtvis bäst från en båt som ångar, tuffar, seglar eller ros fram över vida fjärdar, genom smala sund, mellan otaliga öar och kobbar. Den storslagna naturen hittar man i Nordkarelen: glittrande sjöar och rytande forsar. Möjligtvis kan en varg eller björn störa den totala vildmarksfriden.

En forsfärd utför Pielis eller Kitkajoki älvar ger mycket av spänningen häruppe. I det karga finska Lappland lever samerna med sina renar.

Naturälskaren får här sitt lystmäte: det finns lax i forsarna, snöripor på fjällen och hjortron på myrarna. Och i vissa vattendrag kan Ni pröva Er lycka i guldvaskning!

Och var Ni än befinner Er i Finland så är det aldrig långt till en sauna, den finska bastun. Den finns i storstaden, i skärgården och vid insjön.

Välkommen till de spännande och annorlunda midnattssolsländerna!

The Arctic Circle is considered the borderline for the land of the midnight sun. The area north of the Polar Circle is referred to as the Arctic area of the Scandinavian countries. This is where Nordkalotten is located, stretching across the borders of Finland, Norway and Sweden.

Der Polarkreis gilt als Begrenzung des Gebietes der Mitternachtssonne. Die Region nördlich des Polarkreises nennt man die Arktis Skandinaviens. Dort liegt Nordkalotten, das sich über die Grenzen Finnlands, Norwegens und Schwedens erstreckt.

Polcirkeln betraktas som gränsen för midnatssolen. Nordkallotten kallas området norr om polcirkeln, som sträcker sig över Finlands, Norges och Sveriges gränser.

Polarsirkelen betraktes som grensen for midnattsolen. Nordkallotten kalles området nord for polarsirkelen, som strekker seg over Finlands, Norges og Sveriges grenser.

Napapiiriä pidetään keskiyönauringon rajana. Sen pohjoispuolella olevaa Suomen, Ruotsin ja Norjan aluetta kutsutaan Pohjoiskalotiksi.

INNLEDNING

Møt en spennende, anderledes del av Europa. Land med storslagen natur, historiske plasser og vennlige mennesker, som vil gjøre alt for at ditt besøk vil bli et uforglemmelig minne og alltid få deg til å lengte og vende tilbake til våre midnattsolland.

Dette er land, som har så mye å gi og by på fra fortiden, historie, kultur og tradisjon. Land som har tilpasset seg og ofte leder utviklingen i dagens moderne samfunn, med høy teknologi, avansert industri og et vidtomspennende know-how, respektert, verdsatt og vel sett ute i verden.

Samtidig som det øvrige Europa forsøker å skape seg sitt fritidsmiljø med kjempehotell, swimmingpools og parkanlegg, kan våre land by på den opprinnelige, usammenlignbare, urørte naturen, den unike midnattsolen, de mektige fjellene, den rene luften, de store sjøene, de ville dyrene og den fine skjærgården.

Finland, Norge og Sverige ligger på samme breddegrad som Alaska, Grønland og Sibir, men har et forholdsvis mildt klima takket være Golfstrømmen, som går opp langs Norges Atlanter- og Ishavskyst. Lenge før man når midnattsolen lengst oppe i nord, finnes severdigheter, skjønnhet og aktivitet, opptredd som på et perlebånd, fra Sveriges Skåne i syd til Norges Nordkapp i nord, oppe ved Ishavet.

Besøk et av de mange skjønne slott på slettene eller i bøkeskogen i Skåne. Følg med på en kanaltur med noen av de vakre hvite båtene på Gøtakanalen, Sveriges blå band, som slynger seg fram over speilblanke vann gjennom noe av det mest sommerlige landskap i Sverige.

Opplev gammel og verdensberømt håndtverkstradisjon i de glødende hyttene ved de smålandske glassverkene i Sverige, og gjør fine souvenierkjøp i verkenes salgsboder.

Følg tiden tilbake til ca 500 f.kr. på Øland eller Gotland, de særegne øyene i Østersjøen, som er så rike på fortidsminner: Skipsettinger, bautasteiner, borger og steinkirker.

Bade, seile, sportsdykke, fisket ja ha det hyggelig noen sted på den Svenske vestkysten. Her finnes Hallands lange myke sandstrender, Bohusläns fantastiske skjærgård — et sommer og ferieparadis for både liten og stor. Delta i midtsommerfeiringen noen sted i Dalarna, Sverige, der det feires og oppleves riktig tradisjonelt og storslagent.

Å stifte bekjentskap med Norge sydfra, kan med fordel gjøres med en ferd gjennom Setesdalen, Sørlandets lengste og merkeligste dal. Veien snor seg fram mellom høye fjell og gammel velbevart bebyggelse og går langs Byglandsfjordens stille vann.

Knapt noenstedts i verden finnes noe sammenlignbart til Norges fjordrike kunst. Vestlandets fjorder er like mange som vidunderlige. Sognefjord, Nordfjord, Geiranger og Romdalsfjord. Veiene som bringer oss dit er i seg selv en opplevelse, der de snor seg utmed bratte stup, gjennom lange fjelltunneler eller i serpentinerform biter seg fast i fjellsidene.

Høye, ville fosser som kaster seg utfor fjellsidene, stille dype fjorder som speiler de mektige fjellene, frodige grønne daler. Naturen er en av de største turistattraksjonene i Norge.

Siden tar man seg opp gjennom Nord-Norge, gjennom samenes rike, til Nordkapp og stående på Europas topp og oppleve midnattsolen, gir deg et uforglemmelig inntrykk av denne anderledes del av verden.

Den finlandske skjærgården med ca 30.000 øyer er en magnifikk opplevelse for den som kommer til Finland med båt vestfra.

Opplev Helsingfors eksotiske, meget spesielle preg på f.eks. Salutorget, der fiskerne legger til med sine båter for å selge sine ferske fangster. Slentre rundt i "Nordens hvite stad" for å se på mye av det Finland er blitt verdensberømt for, glass, juveler, tekstiler og møbler.

"De tusen sjøers land" og spesielt det østre sjøområdet Saimen, oppleves naturligvis best fra båt som enten går med damp, tøffer, seiler eller ros fram over brede fjorder, smale sund og mellom utallige holmer og skjær.

Den storslåtte naturen finner man i Nordkarelen, glitrende vann, brusende fosser, kanskje kan en ulv eller bjørn forstyrre den totale villmarksfreden.

En fosseferd utfor Pielis eller Kitkajoki elver gir mye av spenningen heroppe. I det karrige finske Lappland lever samene med sine rein.

Naturelskeren vil her finne sitt behov dekket, det finnes laks i fossene, ryper på fjellene og multer på myrene. Og i noen elver kan man også vaske fram sitt eget gull.

Og hvor man enn befinner seg i Finland, er det aldri langt til en sauna, den finske badstuen, den finnes i storbyen, i skjærgården, og ved innsjøen.

Velkommen til de spennende og anderledes midnattsollandene!

3

In the summer, day and night in Nordkalotten are transformed into one long day due to the Midnight Sun.

Im Sommer werden Tag und Nacht in Nordkalotten durch die Mitternachts-sonne zu einem einzigen langen Tag.

Sommartid förvandlas dygnet på Nordkalotten till en enda lång, ljus dag genom midnattssolen.

Sommertid forvandles døgnet på Nordkalotten til en eneste lang, lys dag takket være midnattsolen.

Kesäaikana vuorokausi on yhtä ainoaa valoisaa päivää.

JOHDANTO

Tutustu jännittävään, toisenlaiseen osaan Eurooppaa, maihin joissa on suurenmoinen luonto ja ystävällisiä ihmisiä, jotka tulevat olemaan iloisia saadessaan tehdä vierailustasi unohtumattoman, niin että haluat yhä uudelleen palata keskiyön auringon maihin.

Maihin, joilla on paljon tarjottavana menneestä: historiaa, kulttuuria ja traditioita. Maihin, jotka yllättävän usein kulkevat edistyksellisen nyky-yhteiskunnan kehityksen kärjessä ja joitten korkealuokkainen teknologia, kehittynyt teollisuus ja laaja tieto-taito, know-how, tunnetaan ja tunnustetaan muualla maailmassa.

Kun muu Eurooppa kokee luoda vapaaajan miljöötä jättimäisten hotellien uimaaltaitten ja paikoitusalueitten avulla, nämä maat pystyvät tarjoamaan alkuperäistä, vertaansa vailla olevaa koskematonta luontoa: ainutlaatuisen keskiyön auringon, mahtavia tuntureita, saastumatonta ilmaa, vapaana eläviä eläimiä ja suurenmoisia saaristoalueita.

Suomi, Ruotsi ja Norja sijoittuvat samoille leveysasteille kuin Alaska, Grönlanti ja Siperia, mutta Norjan Atlanninja Jäämeren puoleista rannikkoa myöten virtaava lämmin Golf-virta pitää ilmaston suhteellisen leutona.

Ennen keskiyön auringon perimmäistä Pohjolaa on kuitenkin Ruotsin Skoonesta tai Suomen etelärannikolta lähtien paljon katsottavaa ja koettavaa aina Norjan Nordkapiin asti.

Voi vierailla jossakin monista Skoonen tasankojen tai pyökkimetsien kauniista linnoista. Tai tehdä viehättävillä valkoisilla laivoilla matkan Göötan Kanavalta yli peilityynten vetten ja ohi kesänvehreitten maisemien. Voi eläytyä vanhojen traditioiden mukaiseen lasinvalmistukseen smoolantilaisissa punahehkuisissa lasinpuhaltamoissa ja tehdä hienoja tuliaisostoksia. Öölannin ja Gotlannin, erikoislaatuisten Itämeren saarten monien muinaismuistojen parissa mieli palaa helposti aina vuoteen 599 e.Kr., täältä löytyy vanhoja laivanrakennuspaikkoja, hautakivimuistomerkkejä, muinaislinnoja ja kivikirkkoja.

Hallannin pitkät, pehmeät hiekkarannat ja Bohus-läänin karut, sileiksihioutuneet kalliot tarjoavat niin aikuisille kuin lapsillekin kesä- ja lomaparatiisin uinti-, purjehdus-, urheilusukellus- ja kalastusmahdollisuuksineen.

Jossakin Taalainmaalla voi osallistua todella perinteiseen ja alkuperäiseen juhannusjuhlan viettoon.

Tutustumisen Norjaan voi etelästäpäin aloittaa matkaamalla läpi Setesdalenin, Sörlandetin pisimmän ja merkittävimmän laakson, jonka antama vaikutelma on mahtava teiden kiemurrellessa korkeitten vuorten välissä ja läpi vanhojen, hyvinsäilyneiden asutustaajamien aina Byglandsvuonon tyynten vetten tasalle asti. Tuskin missään muualla maailmassa on Norjan vuonojen halkoman rannikon veroista. Vestlandin vuonot ovat yhtä kauniita kuin lukuisia: Sognefjord, Nordfjord, Geiranger, Romdalsfjord. Jo pelkät tiet ovat täällä elämys kiipeillessään serpentiineinä äkkijyrkillä rinteillä ja läpi pitkien vuoristotunneleitten. Korkeat, valtoimenaan ryöppyävät putoukset syöksyvät tyyninä tuntureita ja vehreitä laaksoja peilaileviin vuonoihin — luonto on Norjan suurimpia vetovoimia. Tullessaan Pohjois-Norjan saamelaisseutujen kautta Nordkapiin ja kokiessaan Euroopan huipulla seisoen keskiyön auringon taian on ihminen varmasti elänyt unohtumattomia hetkiä tässä erilaisessa maapallon kolkassa.

Suomeen lännestä käsin tultaessa tarjoaa laivamatka vierailulle hienon alun. Suomen ainutlaatuinen saaristo 30 tuhansiene saarineen ja luotoineen on ihanteellinen veneilyä, kalastusta ja uintia harrastavalle lomailijalle. Helsinki, "Itämeren tytär" henkii erikoislaatuista eksotiikkaa, jonka voi aistia vaikkapa Kauppatorilla, missä värikkäistä kojuista voi ostaa luonnontuotteista Lapin matkamuistohin ja jossa kalastajat tarjoavat veneistään kaupan vastapyydettyä kalaa. Päijänteen ja Saimaan vesistöt lukuisine saarineen ja

salmineen tarjoavat loputtomia lomanvietto- ja ulkoilumahdollisuuksia. Sisä-Suomessa tapaa paitsi lehtometsiä ja synkeitä vaaroja myös kulttuurinähtävyyksiä ja — tapahtumia oopperajuhlista luostareitten hartaushetkiin.

Rikkumattomimman erämaitten rauhan voi tavoittaa Pohjois-Karjalan saloilla ja soilla, jossa jopa karhut ja sudet liikkuvat vapaina. Suomen Lappi, laaja ja paikoitellen karu ja harvaanasuttu, on oikea paikka luonnonystävälle ja vaeltajalle. Voipa siellä onnistua huuhtomaan oman kultahippunsakin!

Ja missä tahansa liikkuukin tässä "tuhanten järvien maassa", ei koskaan ole pitkä matka suomalaiseen saunaan. Se kuuluu niin kesämökille saloilla ja saaristoissa kuin kaupunkeihinkin.

Tervetuloa jännittäviin, toisenlaisiin keskiyön auringon maihin!

The further north one gets beyond the Arctic Circle, the more days there are when the sun remains above the horizon.

Je weiter nördlich des Polarkreises man ist, desto größer wird die Anzahl der Tage, an denen die Sonne nicht am Horizont versinkt.

Ju längre norr om polcirkeln man kommer, desto fler dygn stannar solen över horisonten.

Jo lengre nord for polarsirkelen man kommer, desto flere døgn ser man solen over horisonten.

Mitä kauemmas pohjoiseen tullaan, sitä useamman päivän aurinko helottaa taivaanrannan yläpuolella.

5 6

This is Finland. The photo above shows the Midnight Sun photographed over a period of 5 hours: at 10 p.m., at 11 p.m., at midnight, at 1 a.m. and at 2 a.m. (as seen from the left). At 70° latitude the Midnight Sun is seen for 70 days and nights, from the middle of May until the end of July. At these latitudes there is no longer any difference between day and night.

Dies ist Finnland. Die Aufnahme oben zeigt die Mitternachtssonne zu fünf verschiedenen Zeiten während ein und derselben Nacht: um 22 Uhr, um 23 Uhr, um Mitternacht, um 1 Uhr früh und um 2 Uhr früh (von links nach rechts). Bei 70° nördlicher Breite steht die Mitternachtssonne 70 Tage und Nächte lang am Himmel — von Mitte Mai bis Ende Juli. Auf diesem Breitengrad gibt es dann keinen Unterschied mehr zwischen Tag und Nacht.

Detta är Finland. På bilden ovan är midnattssolen fotograferad under en femtimmarsperiod: klockan 22, 23, 24, 1 och 2 (från vänster räknat). På 70:e breddgraden syns midnattssolen under 70 dygn, från mitten av maj till slutet av juli. Här uppe, på dessa breddgrader, existerar nu inte någon skillnad mellan natt och dag.

Dette er Finland. På bildet over er midnattsolen fotografert i en femtimers periode: klokken 22, 23, 24, 1 og 2 (fra venstre). I 70 døgn, fra midten av mai til slutten av juli kan man se midnattsolen på 70° nord. Her oppe på disse breddegrader eksisterer nå ingen forskjell mellom dag og natt.

Yläkuvassa on keskiyön aurinko kuvattu Suomessa tunnin välein. 70:llä leveysasteella keskiyön aurinko näkyy 70 vuorokautta, toukokuun puolivälistä heinäkuun loppuun. Näillä leveysasteilla ei tällöin ole paljon eroa päivällä ja yöllä.

In the northern parts of the Scandinavian countries, the bright summers form a sharp contrast with the dark winters.

Im nördlichen Teil der skandinavischen Länder stehen die hellen Sommer in krassem Gegensatz zu den dunklen Wintern.

Den ljusa sommartiden i de nordligaste delarna av våra länder, står i skarp kontrast till den mörka vintern.

Den lyse sommertiden i de nordligste deler av våre land, står i skarp kontrast til den mørke vinteren.

Näitten maitten pohjoisosissa on valoisan kesä- ja pimeän talviajan välinen ero valtava.

The position of the sun, here compared at three different places, in summer and winter.

An drei verschiedenen Orten wird hier vergleichend gezeigt, wo die Sonne im Winter steht und wo dagegen im Sommer.

Vi skall jämföra solens ställning på himlen vid tre olika platser, sommar och vinter.

Vi skal sammenholde solens stilling på himmelen ved 3 ulike platser, sommer og vinter.

Kesä- ja talviauringon vertailu kolmella paikkakunnalla.

The Midnight Sun (The sun shines 24 hours a day)	Winter Darkness (The sun never rises above the horizon)
Mitternachtssonne (Die Sonne geht die ganze Nacht hindurch nicht unter)	Winterliche Dunkelheit (Die Sonne geht während des ganzen Tages nicht auf)
Midnattsol (Solen uppe dygnet runt)	Vintermörker (Solen kommer ej över horisonten)
Midnattsolen (Solen oppe hele døgnet)	Vintermørket (Solen er ikke synlig)
Keskiyön aurinko (aurinko ei laske)	Kaamosaika (aurinko ei näy horisontin yllä)

21/5—22/7	Kilpisjärvi, Finland	2/12—10/1
14/5—30/7	Nordkap, Norway	20/11—25/1
29/5—14/7	Kiruna, Sweden	9/12— 3/1

11

This picture shows Kiruna in Sweden.
Dieses Bild zeigt Kiruna in Schweden.

Bilden är från Kiruna, Sverige.
Bildet er fra Kiruna, Sverige.

Kuva Ruotsin Kiirunasta.

Norway. The North Cape and (below) Ålesund in the summer.

Norwegen. Nordkap und (unten) Ålesund im Sommer.

Norge. Nordkap och bilden under Ålesund i sommarnattstämning.

Norge, Nordkapp og bildet under er Ålesund i sommernattsstemning.

Ylhäällä. Kesäyön tunnelmaa Nordkapissa ja alhaalla Ålesundissa.

Next page: A Lapp looking over the lake.

Nächste Seite: En Lappe läßt seinen Blick über den See schweifen.

Nästa sida: En same blickar ut över fjällsjön.

Neste side: En same skuer ut over fjellsjøen.

Seuraavalla sivulla: Saamelainen tähystelemässä keskiyön aurinkoa tunturijärvellä.

12

13

SWEDEN

Sweden, with an area of 449,000 sq. km is the largest country in Scandinavia, almost twice the size of Great Britain and Ireland together.

The population of slightly over 8 million makes the country, as a whole, seem very sparsely populated. Sweden therefore offers an unspoiled wilderness, silent forests extending for miles, fading into blue snow-covered mountains, clear lakes, soft beaches, idyllic islands and islets. This, together with Sweden's unique legal right to enter private land, makes the countryside available to everyone. For those interested, a great variety of cultural activities are at hand.

The first people probably came to Sweden in 9000 B.C.: they were wandering hunters from other parts of Europe. The earliest traces of habitation found in Skåne, the southern part of Sweden, date back to 6000 B.C.

Today Sweden is a highly developed industrial country, which treasures its past, and everyone is encouraged to learn more of Sweden's heritage from prehistoric times to the present day.

A warm welcome to Sweden!

Sverige är ytmässigt det största landet i Norden och omfattar 449.000 km², en yta nästan dubbelt så stor som Storbritanien och Irland tillsammans.

Folkmängden på drygt 8 miljoner invånare gör landet totalt sett mycket glest befolkat. Därför kan Sverige bjuda på mycket orörd vildmark: milsvida, tysta skogar, blånande berg, blanka, klara insjöar, mjuka sandstränder, slipade öar och kobbar samt snötäckta fjäll. Detta tillsammans med vår unika allemansrätt, gör naturen tillgänglig för var och en. Samtidigt finns otaliga kulturupplevelser inom räckhåll för den intresserade.

De första människorna kom förmodligen till Sverige ca 9000 f.Kr. och var kringströvande jägare från Europa. De äldsta spåren av boplatser, som gjorts i Skåne, är från ca 6000 f.Kr.

Sverige idag är ett högt utvecklat industriland, som slår vakt om sitt förflutna, och det ges stor möjlighet att överallt bekanta sig med ett intressant land, alltifrån forntid till nutid.

Mycket välkommen till Sverige!

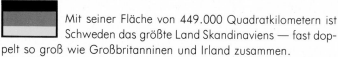

Mit seiner Fläche von 449.000 Quadratkilometern ist Schweden das größte Land Skandinaviens — fast doppelt so groß wie Großbritannien und Irland zusammen.

Die nur etwas mehr als 8 Millionen Einwohner lassen Schweden insgesamt sehr dünnbesiedelt erscheinen. Daher findet man in Schweden noch unberührte Wildnis, stille Wälder — so unendlich weit, daß man meint, sie gingen am Horizont in die bläulich schimmernden, schneebedeckten Berge über — kristallklare Seen, herrliche Sandstrände und liebliche Inseln verschiedenster Größen. Durch die geringe Bevölkerungsdichte und das für Schweden typische "Jedermannrecht", das Recht, überall privaten Grund und Boden betreten zu dürfen, steht die Landschaft jedem offen. Abgesehen davon, bietet Schweden aber auch viele Möglichkeiten auf kulturellem Gebiet.

Vermutlich kamen die ersten Bewohner etwa im Jahre 9000 v.Chr. nach Schweden — Nomaden aus anderen Gegenden Europas, die von der Jagd lebten. Die ältesten Anzeichen einer Besiedlung, die ungefähr aus der Zeit von 6000 v.Chr. stammen, wurden in Schonen, dem südlichen Teil Schwedens, gefunden.

Heute ist Schweden ein moderner Industriestaat, der seine Vergangenheit ehrt und pflegt und dazu anregt, mehr über Schwedens geschichtliches Erbe von prähistorischer Zeit bis hin zur modernen Gegenwart zu lernen und zu erfahren.

Herzlich willkommen in Schweden!

Sverige har det største flateinnhold i Norden på 449.000 km², et område nesten dobbelt så stort som Storbritania og Irland tilsammen.

Folkemengden på noe over 8 millioner innbyggere gjør at landet totalt sett har en spredt bosetting. Derfor kan Sverige by på urørt villmark, milevis med susende skoger, blånende fjell, blanke klare innsjøer, myke sandstrender, fredelige øyer og holmer samt snødekte fjell. Dette tilsammen med vår spesielle allmenningsrett gjør naturen tilgjengelig for alle og enhver. Samtidig finnes utallige kulturopplevelser innen rekkevidde for den som er intressert.

De første menneskene kom antagelig til Sverige ca 9000 f.kr. og de var omstreifende jegere fra Europa. De eldste sporene av boplasser som er funnet i Skåne er fra ca 6000 f.kr.

Sverige er idag et høyt utviklet industriland, som samtidig tar vare på sin fortid, og det gis overalt store muligheter til å bli kjent med et interessant land både i fortid og nåtid.

Velkommen til Sverige!

The sound of the birch-bark horn calls the cattle back home. Siljansnäs, Dalecarlia.

Mit dem "Näverlur", einem Horn aus Birkenrinde, wird das Vieh heimgerufen. Siljansnäs, Dalarna.

Ljudet från näverluren kallar hem boskapen. Siljansnäs, Dalarna.

Lyden fra neverluren, lokker hjem buskapen. Siljansnäs, Dalarne.

Tuohitorven toitotus kutsuu karjaa kotiin. Siljansnäs, Taalainmaalla.

15

Ruotsi on pinta-alaltaan Pohjolan suurin maa, sen 449000 neliökilometriä kattavat alueen, joka on lähes kaksi kertaa niin suuri kuin Iso-Britannia ja Irlanti yhteensä. Runsaan 8 miljoonan väestö asuu siis kokonaisuutta ajatellen hyvin harvassa. Tästä syystä Ruotsi voikin tarjota laajalti koskematonta erämaata: peninkulmittain hiljaisia metsäalueita, siintäviä vuoria, kirkasvetisiä järviä, pehmeitä rantahietikoita, sileitä kallioluotoja ja lumipeitteisiä tuntureita. Tämä kaikki on jokamiehenoikeuden ansiosta kaikkien käytettävissä. Samoin lukuisat kulttuurielämykset niistä kiinnostuneiden tavoitettavissa.

Todennäköisesti vuoden 9000 tienoilla e.Kr. tulivat ensimmäiset ihmiset Ruotsiin, nämä olivat vaeltavia metsästäjiä Euroopasta. Vanhimmat merkit asutuksesta, ajalta 6000 vuotta e.Kr. on löydetty Skoonesta.

Ruotsi on tänään pitkälle kehittynyt teollisuusmaa, joka samalla vaalii muinaismuistojaan, joten lähes kaikkialla voi samalla kertaa tutustua tämän mielenkiintoisen maan sekä menneisyyteen että nykyisyyteen.

Tervetuloa Ruotsiin!

16

The Stockholm City Hall.
Das Stockholmer Stadthaus.
Stockholms Stadshus.
Stockholms Rådhus.
Tukholman Kaupungintalo.

The harbour-entrance of Malmö, a city important for its industry and trade and a centre of cultural life in Skåne, rich in monuments and historical buildings.

Die Hafeneinfahrt von Malmö, einer bedeutenden Handels- und Industriestadt, in der man zahlreiche Denkmäler und historische Bauten findet und die ein Zentrum des kulturellen Lebens in Schonen ist.

Hamninloppet till Malmö, en betydande industri- och handelsstad, rik på minnesmärken och historiska byggnader från en gången tid, samt centrum för ett intensivt kulturliv i Skåne.

Havneinnløpet til Malmø, en betydelig industri- og handelsby, rik på minnesmerker og historiske bygninger fra fortiden, samt sentrum for et intensivt kulturliv i Skåne.

Malmön sataman suu. Malmö on merkittävä kauppa- ja teollisuuskaupunki monine muistomerkkeineen ja historiallisine rakennuksineen mutta on myös Skoonen voimakkaan kulttuurielämän keskus.

18   19

Many old fishing villages in Skåne have become popular
and idyllic holiday resorts. *Above*: The harbour in Tore-
kov. *Below*: Stolpagården on Agardhsgatan in Båstad.

In Schonen gibt es viele alte Fischerdörfer, die jetzt be-
liebte, idyllische Ferienorte sind. *Oben*: Der Hafen von
Torekov. *Unten*: Stolpagården in der Agardhsgatan in
Båstad.

I Skåne finns många populära och idylliska semesteror-
ter, som från början varit fiskelägen. *Ovan*: Hamnen i
Torekov. *Nedan*: Stolpagården på Agardhsgatan i Bå-
stad.

I Skåne finnes mange og idylliske ferieplasser, som fra
starten var fiskehavner. *Øverst*: Havnen i Torekov.
Nederst: Stolpagården i Agardhsgaten i Båstad.

Skoonessa on monia suosittuja ja idyllisiä lomailupaikka-
kuntia, entisiä kalastajakyliä. *Ylhäällä*: Torekvin sata-
ma. *Alhaalla*: Stolpagården Båstadissa.

Bosjökloster (the convent of Bosjö) near Ringsjön in Skåne was a Benedictine convent in the 11th century. *Below:* The statue of the founder of Karlskrona, Blekinge, King Karl XI, on Stortorget.

Das Bosjökloster bei Ringsjön in Schonen war im 11. Jahrhundert ein Benediktiner Kloster. *Unten:* Das Denkmal des Gründers von Karlskrona in der Provinz Blekinge, König Karl XI., auf Stortorget.

Bosjökloster vid Ringsjön i Skåne var ett Benediktinerkloster på 1000-talet. *Nedan:* I Karlskrona, Blekinge, står stadens grundare konung Karl XI staty på Stortorget.

Bosjøkloster ved Ringsjøen i Skåne var et Benediktinerkloster på 1000-tallet. *Nederst:* I Karlskrona, Blekinge, står statuen av byens grunnlegger Kong Karl XI på Stortorget.

Bosjön luostari Ringsjön rannalla Skoonessa- oli Benediktiiniläisluostari 1100-luvulla. *Alhaalla:* Karlskronan perustajan, kuningas Kaarle XI patsas kaupungin Suurtorilla.

Gothenburg is Sweden's largest seaport. The City Theatre and other buildings of interest are situated on Götaplatsen. The magnificent Älvsborg Bridge is 900 meters long with a free sailing height of 45 meters.

Göteborg ist Schwedens größte Hafenstadt. Das Stadttheater und andere sehenswerte Gebäude befinden sich am Göta-Platz. Ein imposantes Bauwerk ist die Älvsborgsbrücke mit einer Länge von 900 Metern und einer lichten Höhe von 45 Metern.

Göteborg är Sveriges största hamnstad. På Götaplatsen ligger bl.a. Stadsteatern. Den pampiga Älvsborgsbron är 900 m lång med en fri segelhöjd på 45 m.

Gøteborg er Sveriges største havneby. På Gøtaplassen ligger bl.a. Stadsteatret. Den storslåtte Älvsborgsbroen er 900 m lang og fri selingshøyde er 45 m.

Göteborg on Ruotsin suurin satamakaupunki. Kaupunginteatteri Götaplatsenin varrella. Mahtavan, 900 metrisen Älvsborgin sillan purjehduskorkeus on 45 metriä.

24

25

The seaside resort of Tylösands Havsbad in Halland with its lovely beach and Smögen, the picturesque fishing village in Bohuslän, are two beautiful spots lying along the clear and salt water of the west coast.

Tylösands Havsbad in der Provinz Halland mit seinem herrlichen Sandstrand und Smögen, das malerische Fischerdorf in der Provinz Bohuslän, sind zwei "Perlen" an dem klaren und salzigen Meer der schwedischen Westküste.

Tylösands Havsbad i Halland med sin fantastiska sandstrand och Smögen, det pittoreska fiskeläget i Bohuslän, är två pärlor vid den svenska västkustens klara och salta vatten.

Tyløsands Havsbad i Halland med sin fantastiske sandstrand og Smøgen, den pittoreske fiskehavnen i Bohuslän, er to perler ved den svenske vestkystens klare og salte vann.

Tylösandin Merikylpylä Hallandissa suurenmoisine hiekkarantoineen ja maalauksellinen bohusläniläinen kalastuspaikka Smögen ovat kaksi helmeä länsirannikon kirkkaitten ja suolaisten vetten äärellä.

Kalmar Castle in Småland.
Das Schloß von Kalmar in Småland.
Kalmar Slott i Småland.
Kalmar slott i Småland.
Kalmarin linna Smoolannissa.

Öland is rich in ancient monuments. The unique reconstruction of the ancient Castle Eketorp in southern Öland is becoming one of the world's attractions. This picture shows a ship tumulus in the Gettlinge gravefield in South Möckleby.

Auf Öland findet man zahlreiche historische Überreste. Die hervorragende Rekonstruktion der alten Eketorp Burg im Süden Ölands ist auf dem Wege weltbekannt zu werden. Dieses Bild zeigt eine Schiffssetzung auf dem Gettlinger Grabfeld in Süd-Möckleby.

Öland är rikt på fornlämningar. Ett unikt rekonstruktionsarbete av den gamla fornborgen Eketorp på södra Öland håller på att bli en världsattraktion. Denna bild visar en skeppssättning i Gettlinge gravfält i Södra Möckleby socken.

Öland er rikt på fortidsminner. Et unikt rekonstruksjonsarbeide av den gamle fortidsborgen Eketorp på sydlige Øland er i ferd med å bli en verdensattraksjon. Dette bilde viser en skipsetting i Gettlinge gravfelt i sydlige Møckleby.

Öölannissa on runsaasti muinaisjäännöksiä. Harvinaisesta Eketorpin muinaislinnan entisöinnistä on tulossa maailmanlaajuisen kiinnostuksen kohde eteläisessä Öölannissa. Muinainen laivanrakennuspaikka Gettlingen hautanummella Etelä-Möcklebyn pitäjässä.

27

28

Öland, an island-county in Sweden with limestone cliffs and Northern Europe's largest steppe, Alvaret, where a unique fauna can be seen, has a character of its own. Many old windmills are preserved in the countryside.

Die Inselprovinz Öland hat einen ganz eigenen Charakter mit ihren Kalksteinklippen und dem größten Steppengebiet Nordeuropas, dem Alvaret, wo man eine Fauna ohnegleichen findet. Auf der Insel sieht man auch viele guterhaltene Windmühlen.

Öland med sina kalkstensklippor och Norra Europas största stäppmark, Alvaret, där en unik fauna kan beskådas, är ett av de mest särpräglade land-

skapen i Sverige. Många ålderdomliga väderkvarnar står fortfarande på den öländska landsbygden.

Öland er et av de mest særpregede landskap i Sverige med sine kalksteinsklipper og Nord Europas største steppelandskap Alvaret, der en unik fauna kan beundres. Mange gamle vindhjul står fortsatt på den Ølandske landsbygden.

Öölanti on ehkä erikoisleimaisinta Ruotsia kalkkikivikallioineen ja Pohjois-Euroopan laajimpine aromaineen, jonka kasvisto on hyvin harvinaislaatuinen. Maaseudulla tapaa vielä useita vanhoja tuulimyllyjä.

29   30

Gotland became inhabited about 8000 years ago and is, in many ways, an island of great interest. Ruins, early-historical monuments, medieval churches, a rich bird-life and a rare flora are some of the characteristics of the island. *Left:* Visby, aptly called "The City of Roses". *Above:* A part of the 3 km long town-wall from the 13th century surrounding Visby.

Gotland wurde vor etwa 8000 Jahren besiedelt und ist eine in vieler Hinsicht sehr interessante Insel. Ruinen, historische Baudenkmäler, mittelalterliche Kirchen, eine reiche Vogelwelt und seltene Blumen und Pflanzen prägen das Bild der Insel. *Links:* Visby, zu Recht "Rosenstadt" genannt. *Oben:* Teil der 3 km langen, aus dem 13. Jahrhundert stammenden Stadtmauer von Visby.

Gotland befolkades för omkring 8000 år sedan och är en på många vis intressant ö. Ruiner, minnesmärken, medeltida kyrkor, det rika fågellivet och den sällsynta floran är några av öns kännetecken. *Till vänster:* Visby kallas träffande nog för "rosornas stad". *Ovan:* Del av Visbys 3 km långa ringmur från 1200-talet.

Gotland ble befolket for omkring 8000 år siden og er på mange vis en intressant øy. Ruiner, minnesmerker, middelalder kirker, det rike fuglelivet og den spesielle flora er noen av øyas kjennemerker. *Til venstre:* Visby kalles treffende nok for "Rosenes by". *Øverst:* Del av Visbys 3 km lange ringmur fra 1200-tallet.

Gotlanti sai ensimmäiset asukkaansa n. 8000 vuotta sitten ja on monessa suhteessa mielenkiintoinen saari. Rauniot, muistomerkit, keskiaikaiset kirkot, rikas linnusto ja harvinainen kasvisto ovat muutamia sen tunnusmerkeistä. *Vasemmalla:* Visbytä kutsutaan sattuvasti "ruusujen kaupungiksi". *Yllä:* Visbyn 3 km pitkää 1200-luvulta peräisin olevaa kehämuuria.

Linköping in Östergötland is an old cultural centre and today an important industrial city. *Left:* A sculpture by Carl Milles, "Folkungabrunnen", in the Market Place. In "Old Linköping" old houses have been preserved with loving care.

Linköping in Östergötland ist ein altes Kulturzentrum und heute eine bedeutende Industriestadt. *Links:* Carl Milles Skulptur "Folkungabrunnen" auf dem Stora Torget (Marktplatz). Im "Alt Linköping" werden alte Häuser liebevoll restauriert.

Linköping i Östergötland är ett gammalt kulturcentrum och idag en betydande industristad. *Till vänster:* Carl Milles skulptur Folkungabrunnen på Stora Torget. I kulturreservatet "Gamla Linköping" har gammal bebyggelse kärleksfullt bevarats.

Lindkøping i Østgøtland er et gammelt kultursentrum og idag en betydelig industriby. *til venstre:* Carl Milles skulptur Folkungabrønnen på store torget. I kulturreservatet "Gamle Lindkøping" er gammel bebyggelse kjærlighetsfullt bevart.

Vanha Linköpingin kulttuurikaupunki Itä-Göötanmaalla on tänään myös teollisuuskaupunkina merkittävä. *Vasemmalla:* Carl Millesin veistos Folkungien kaivo Suurtorilla. "Vanhan Linköpingin" kulttuurireservaatin rakkaudella säilytettyjä rakennuksia.

Aerial view of Stockholm — often called "The Venice of the North" and "The Queen of Mälaren" — with the Old Town in the centre. The water and the 14 islands linked by bridges give a special character and charm to the capital of Sweden. Visitors can get a magnificent view from the Tower of the City-Hall and the Kaknäs Tower.

Stockholm — oft "Venedig des Nordens" oder "Königin der Mälaren" genannt. Hier eine Luftansicht mit der Altstadt in der Mitte. Wasser, Brücken und 14 Inseln verleihen Schwedens Hauptstadt ihren besonderen Charakter und Charme. Vom Stadthausturm oder vom Kaknästurm hat man einen herrlichen Blick über die ganze Stadt.

Stockholm, ofta kallad "Nordens Venedig" och "Mälardrottningen", här med Gamla Stan i centrum, sedd från luften. Vattnet, broarna och de 14 öar, som staden är byggd på, sätter sin speciella prägel och charm på Sveriges huvudstad. Två utsiktsplatser med en storslagen utsikt är Stadshustornet och Kaknästornet.

Stockholm, ofte kalt "Nordens Venedig" og "Mälardrottningen" her med "Gamla Stan" i sentrum sett fra luften. Vannet, broene og de 14 øyene som byen er bygd på, setter sitt spesielle preg og charme på Sveriges hovedstad. To utsiktsplasser med en storlsagen utsikt er Rådhustårnet og Kaknästårnet.

"Pohjolan Venetsiaksi" tai "Mälarin kuningattareksi" kutsutun Tukholman Vanha Kaupunki. Vetten yli johtavat sillat ja 14 saarta, joille kaupunki on rakennettu antavat Ruotsin pääkaupungille sen oman, viehättävän leiman. Kaupungintalon ja Kaknäsin torneista avautuvat suurenmoiset näköalat yli kaupungin.

The Royal Palace in Stockholm, in which the Royal family have had their home, has been a palace full of life for a long time. The palace consists of 550 rooms, decorated by Swedish and French artists. *Left:* A guard at the Palace.

Seit langer Zeit schon war das Königliche Schloß in Stockholm von Leben erfüllt, da die Königliche Familie dort ihren Wohnsitz hatte. Das Schloß hat 550 Räume, die von schwedischen und französischen Künstlern gestaltet wurden. *Links:* Ein Wachsoldat am Schloß.

Kungliga slottet i Stockholm har länge varit ett levande slott, där kungafamiljen haft sitt hem. Slottet innehåller 550 rum, utsmyckade av svenska och franska konstnärer. *Till vänster:* En vaktpost vid Slottet.

Det kongelige slott i Stockholm har lenge vært et levende slott, hvor den kongelige familie har hatt sitt hjem. Slottet inneholder 550 rom, utsmykket av svenske og franske kunstnere. *Til venster:* En vaktpost ved slottet.

Tukholman Kuninkaallinen linna on ollut kauan elävä linna, kuningasperheen koti. Sen 550 huonetta on somistettu ruotsalaisten ja ranskalaisten taiteilijoiden teoksilla. Vasemmalla vahtisotilas linnan edustalla.

This view of the glass sculpture "Riksglaset" and the city is seen from the House of Culture at Sergels Torg.
Below:
An aerial panorama of Stockholm with the Kaknästower, the tallest building in Scandinavia, in the foreground.

Von dem Kulturhaus auf dem Sergels Torg genießt man diese Aussicht auf die Glas-Skulptur "Riksglaset" und auf die Stadt.
Unten:
Luftansicht von Stockholm mit dem Kaknästurm, dem höchsten Gebäude Skandinaviens, im Vordergrund.

Från Kulturhuset vid Sergels Torg ges denna utsikt över glasskulpturen "Riksglaset" och Hötorgscity.
Nedan:
Flygpanorama över Stockholm med Kaknästornet, Skandinaviens högsta byggnad, i förgrunden.

Fra kulturhuset ved Sergels torg har man denne utsikt over glasskulpturen "Riksglaset" og Høtorgscity.
Nederst:
Flypanorama over Stockholm med Kaknästårnet, Skandinavias høyeste bygning, i forgrunnen.

Lasiveistos "Riksglaset" — Valtakunnan lasi — nähtynä Kulttuuritalolta Sergelin torin varrella.
Alhaala:
Kaknäsin torni, Skandinaavian korkein rakennus, Tukholmasta otetun ilmavalokuvan etualalla.

38

The City Hall in Stockholm, world famous for its architectural design, is beautifully located at Riddarfjärden. The tourist is offered a marvellous view from the top of the 105 meter high tower.

Das wegen seiner Architektur weltberühmte Stockholmer Stadthaus hat eine herrliche Lage am Riddarfjärden. Von der Spitze des 105 m hohen Turmes hat man eine wunderbare Aussicht.

Stockholms Stadshus, världsberömt för sin arkitektoniska utformning, ligger vackert vid Riddarfjärden. Från toppen av det 105 m höga tornet bjuds turisten på en sagolik utsikt.

Stockholms rådhus, verdensberømt for sin arkitektoniske utformning, ligger vakkert til ved Riddarfjorden. Fra toppen av det 105 m høye tårnet bys turistene på en eventyrlig utsikt.

Arkkitehtuurinsa ansiosta maailmankuulu Tukholman Kaupungintalo sijaitsee kauniilla paikalla Riddarfjärdenin rannalla. Sen 105 m korkeasta tornista avautuu matkailijalle satumainen näkymä.

The Golden Hall, in the City Hall, is a magnificent banquet hall of impressive dimensions. Its walls are inlaid with gold mosaic, which creates a festive atmosphere of its own when the hall is illuminated.

Der "Goldene Saal" im Stadthaus, ein Bankettsaal mit imposanten Ausmassen. Seine Wände sind mit Goldmosaiken belegt, die dem Saal im Lichterglanz ein außerordentlich festliches Gepräge verleihen.

Gyllene Salen i Stadshuset, en magnifik bankettsal av imponerande mått. Dess väggar är belagda med guldmosaik, vilken skänker speciell glans och festivitas när salen är illuminerad.

Den gyldne sal i Rådhuset, er en magnifik bankettsal av imponerende dimensjon. Veggene er belagt med gullmosaikk, hvilket gir salen en spesiell glans og festivitas når den er belyst.

Mittava Kaupungintalon Kultainen Sali on suurenmoinen juhlienpitopaikka. Sen seinät on päällystetty kultamosaiikilla, joka antaa erityistä juhlavuutta ja hohtoa juhlavalaistulle salille.

39

Uppsala has been an important centre of research since the 18th century. The Cathedral, built in the 13th century, is the largest church in Scandinavia.
Below: Uppsala Castle was built by Gustav Vasa in 1540.

Seit dem 18. Jahrhundert ist Uppsala ein bedeutendes Forschungszentrum. Die im 13. Jahrhundert erbaute Kathedrale ist Skandinaviens größte Kirche.
Unten: Mit dem Bau des Schlosses von Uppsala wurde 1540 von Gustav Vasa begonnen.

Uppsala är sedan 1700-talet ett betydande centrum för forskning. Domkyrkan, som började byggas på 1200-talet, är Nordens största kyrka.
Nedan: Uppsala slott grundades på 1540-talet av Gustav Vasa.

Uppsala, har siden 1700-tallet vært et betydelig sentrum for forskning. Domkirken, som ble påbegynt på 1200-tallet er nordens største kirke.
Nederst: Uppsala slott, grunnlagt på 1540-tallet av Gustav Vasa.

Uppsala on 1700-luvulta lähtien ollut huomattava tutkimustoiminnan keskus. Tuomiokirkko, jonka rakentaminen aloitettiin 1200-luvulla on pohjoismaitten suurin kirkko.
Ylhäälä: Kustaa Vaasa perusti Uppsalan linnan 1540-luvulla.

42

A great number of rock-carvings, runic stones and ship tumuli are found in Uppland. The Vikings commemorated their heroes and relations by carving runic characters in flat stones — runic stones. This runic stone is located in the district near Enköping.

In Uppland findet man zahlreiche Felszeichnungen, Runensteine und Schiffssetzungen. Die Wikinger pflegten ihrer Helden und Verwandten zu gedenken, indem sie Runenzeichen in ebene Felsen — die Runensteine — hineinritzten. Den hier abgebildeten Runenstein findet man bei Enköping.

I Uppland finns mängder av hällristningar, runstenar och skeppssättningar. Vikingarna mindes sina hjältar och anförvanter i runskrift huggen i flata stenhällar — runstenar. Denna runsten står i Enköpingstrakten.

I Uppland finnes en mengde helleristninger, runesteiner og skipsettninger. Vikingene mintes sine helter og herfører ved å hugge i runeskrift på flate steinheller — runesteiner. Denne runesteinen står i Enköpings traktene.

Upplannissa on lukuisia kalliopiirustuksia, riimukiviä ja laivanrakennuspaikkoja. Viikingit kunnioittivat sankariensa ja lähimmäistensä muistoa sileäpintaisiin kiviin hakkaamillaan riimukirjoituksilla, tämä kivi löytyy Enköpingin läheltä.

Previous Page: The start of the Vasa Ski Race, the largest cross-country skiing competition in the world, from Sälen to Mora in Dalecarlia, a distance of 86 km.
Below: There are some places in Dalecarlia where the old-fashioned chalets are still in use today — indeed worth a visit.

Vorseite: Start zum Wasalauf, dem größten Wettkampf der Welt im Skilanglauf, von Sälen nach Mora in Dalarna — eine Entfernung von 86 km.
Unten: In einigen Gegenden von Dalarna werden die traditionellen ''Sennhütten'' — wirkliche Sehenswürdigkeiten — auch heute noch benutzt.

Föregående sida: Starten har gått för Wasaloppet, världens största skidtävling, som körs från Sälen till Mora i Dalarna, en sträcka på 86 km.
Nedan: Fortfarande finns det på några platser i Dalarna levande fäbodar, som verkligen är värda ett besök.

Andre siden: Starten har gått for verdens største skirenn, Wasaløpet, som går fra Sälen til Mora i Dalarne, en strekning på 86 km.
Nederst: Det finnes fortsatt bebodde seterbruk i Dalarne, og disse er virkelig vært et besøk.

Edellisellä sivulla: Wasa-loppetin, maailman suurimman hiihtokilpailun lähtölaukaus on ammuttu, 86 km:n hiihto Sälenistä kohti Moraa Taalainmaassa on alkanut.
Alapuolella: Taalainmaalta löytyy yhä toiminnassa olevia vanhoja karjamajoja, jotka todella ovat käynnin arvoisia.

3

44

A Dalecarlia Horse, hand-decorated in Nusnäs, where approx. 500,000 are made every year.

Ein Dala-Holzpferdchen, handbemalt in Nusnäs, wo jährlich etwa 500.000 Exemplare dieser Pferdchen hergestellt werden.

Dalahästen dekoreras för hand i Nusnäs, där det tillverkas ca 500.000 om året.

Dalahesten dekoreres for hånd i Nusnäs, der det lages ca 500.000 i året.

Taalalaishevosia maalataan käsin Nusnäsissä noin 500.000 kpl vuosittain.

45

Church boat trip, Dalecarlia.　　Fahrt zur Kirche, Dalarna.　　Kyrkbåtsfärd, Dalarna.　　Kirkebåts ferd, Dalarne.　　Krkkovene Taalainmaalta.

Jämtland is a mountainous region, ideal for hiking and skiing. Tännforsen, a 37 meter high waterfall, is an impressive natural spectacle.
Mörvikshummeln and Åredalen, in the backgorund Snasahögarna.

Jämtland ist eine ausgesprochene Gebirgsprovinz — ideal für Bergwanderungen und Skilauf. Tännfors, ein 37 m hoher Wasserfall, bietet ein eindrucksvolles Naturschauspiel.
Mörvikshummeln und Åredalen, im Hintergrund Snasahögarna.

Jämtland är ett riktigt fjällandskap idealiskt för fjällvandring och skidåkning. En stor naturupplevelse är Tännforsen med en total fallhöjd av 37 m.
Mörvikshummeln och Åredalen, i bakgrunden Snasahögarna.

Jämtland er et riktig fjellandskap ideellt for fjellvandring og skisport. En stor naturopplevelse er Tännfossen med en total fallhøye på 37 m.
Mørvikshummelen og Åredalen, i bakgrunnen Snasahøydene.

Jämtlannin tunturiseudut ovat ihanteellisia tunturivaelluksen ja -hiihdon kohteita. Tännforsen 37 metrin putouksineen on komeaa katseltavaa.
Mörvikshummeln ja Åren laakso, taustalla Snasakukkulat.

47

48

49

The land of the Midnight Sun above the Arctic Circle — with the crystal-clear river Kalix, catching and grilling whitefish by the Kukkola Falls, colourful Lapps, and snow-covered mountain tops.

Das Land der Mitternachtssonne nördlich des Polarkreises: der kristallklare Kalix, Fangen und Grillen von Felchen bei den Kukkola Wasserfällen, Lappen in ihren farbensprächtigen Trachten und schneebedeckte Berggipfel.

Nu är vi i midnattssolens rike ovanför polcirkeln, med spegelblanka Kalix älv, fångst och halstring av sik vid Kukkolaforsen och med färgstarka samer och snöklädda fjäll.

Nå er vi i midnattsolens rike ovenfor polarsirkelen, med den speilblanke Kalix elv, med fisking av sik i Kukkolafossen, fargeglade samer og snødekte fjell.

Keskiyönauringon maassa, napapiirin pohjoispuolella tapaamme peilikirkkaan Kalix-joen, siiansavustajat Kukkolankosken rannalla, värikkäitä saamelaisasuja ja lumipeitteisiä tuntureita.

50

51

52

55

56

Most of Sweden's national parks are located in Lapland, some of the world's few remaining wilds, e.g. Sarek, Stora Sjöfallet, Muddus and Padjelanta.
Above: At Riksgränsen (at the border).
Right: This is the land of the Lapps and their reindeer.

In Lappland liegen die meisten schwedischen Nationalparks: Sarek, Stora Sjöfallet, Muddus und Padjelanta — eine Wildnis, von der es auf der Welt nur noch wenige gibt.
Oben: Bei Riksgränsen (an der Grenze zum Nachbarland).
Rechts: Die Heimat der Lappen mit ihrer Rentieren.

Lappland rymmer de flesta av våra nationalparker, t.ex. Sarek, Stora Sjöfallet, Muddus och Padjelanta; vildmarker, som nästan saknar sin like någonstans i världen.
Ovan: Vid Riksgränsen.
Till höger: Här lever lapparna med sina renar.

I Lappland finnes de fleste av våre nasjonalparker, f.eks. Sarek, Store sjøfallet, Muddus og Padjelanta, villmarker som nesten sakner sidestykke noen andre steder i verden.
Øverst: Ved Riksgrensen.
Til høyre: Her lever samene med sine rein.

Lapista läytyvät useimmat Ruotsin kansallispuistoista, Sarek, Stora Sjöfallet, Muddus ja Padjelanta, joitten kaltaisia erämaita tuskin on muualla maailmassa.
Yllä: Valtakunnan rajalla.
Oikealla: Näin asuvat porolappalaiset Ruotsissa.

Glittering, cold mountain-lakes are often the only way of communication and transportation when there are no roads, like here at Nikkaluokta.
The first part ends with a picture of Kebnekaise Mountain, Sweden's highest mountain with a top of 2,117 meters.

Glitzernde, eiskalte Bergseen sind dort, wo es keine Straßen gibt, oft die einzige Verbindungsmöglichkeit, wie hier bei Nikkaluokta.
Der erste Teil schließt mit einem Bild des Kebnekaise, der mit seinen 2117 Metern der höchste Berg Schwedens ist.

Glittrande, kalla fjällsjöar utgör ofta enda förbindelsen mellan två platser när väg saknas, som här vid Nikkaluokta.
Första delen slutar här med en bild från Kebnekaisefjällen, toppen av Sverige, där landets högsta punkt, 2.117 m, finns.

Glitrende, kalde fjellvann utgjør ofte den eneste forbindelse mellom to plasser, når det ikke finnes vei, som her ved Nikkaluokta.
Første delen slutter her med et bilde fra Kebnekaisefjellet. Toppen av Sverige, der landets høyeste punkt, 2.117 m, finns.

Välkehtivät, kylmät tunturijärvet muodostavat usein ainoan yhteydenpidon mahdollisuuden siellä missä teitä ei ole, kuten tässä Nikkaluoktassa.
Kirjan ensimmäinen osa päättyy kuvaan Kebnekaisen tunturivuoresta, Ruotsin huipusta, 2.117 metriä merenpinnan yläpuolella.

NORWAY

Norway is a relatively small country, stretching from Lindesnes in the south at 58° latitude to North Cape in the north at 71° latitude, but the northernmost point in Norway is actually Svalbard at 81° latitude.

Norway with slightly more than 4 million inhabitants and an area of 324,000 sq.km is a sparsely populated country.

The great number of fjords and mountains, a beautiful and diversified countryside and the comfortable climate, which is due to the Gulf Stream, make the country very attractive for tourists.

The population mainly supports itself by farming and fishing and from forestry and industry.

The pumping of oil from the North Sea has increased during recent years and has expanded with new finds.

The earliest inhabitants of Norway, the Lapps, live in northern Norway, the Land of the Midnight Sun, and support themselves by raising reindeer.

A warm welcome to Norway!

Norge är ett relativt litet land, som sträcker sig från Lindesnes i söder på 58° till Nordkap i norr på 71°, men Norges nordligaste utpost är faktiskt Svalbard på 81° nordlig bredd.

Norge befolkas av något över 4 miljoner människor, som är glest bosatta i det 324.000 km² stora landet.

Norges många fjordar och fjäll gör landet till ett populärt turistmål med vacker och skiftande natur och tack vare Golfströmmen ett behagligt klimat.

Befolkningen livnär sig först och främst av jord- och skogsbruk, fiske och sjöfart samt industri. På senare år har oljeutvinningen i Nordsjön ökat och blir alltmer omfattande i takt med att nya fyndigheter görs.

I Nord-Norge, midnattssolens land, bor en av landets äldsta folkgrupper, samerna, som livnär sig på renskötsel.

Vi önskar Er en trevlig vistelse i Norge.

Norwegen ist ein relativ kleines Land, das sich von Lindenes im Süden auf dem 58. Breitengrad bis zum Nordkap auf dem 71. Breitengrad erstreckt. Eigentlich ist der nördlichste Punkt nicht einmal das Nordkap sondern vielmehr Svalbard auf dem 81. Breitengrad.

Norwegen mit seiner Fläche von 324.000 Quadratkilometern und nur wenig mehr als 4 Mill. Einwohnern ist ein dünnbesiedeltes Land.

Die vielen Fjorde und Berge, die wunderschöne und abwechslungsreiche Landschaft, das Klima, das durch den Golfstrom so angenehm ist — all dies trägt dazu bei, Norwegen zu einem beliebten Reiseland zu machen.

Die Bevölkerung des Landes lebt überwiegend von Landwirtschaft, Fischerei, Forstwirtschaft und Industrie.

In den vergangenen Jahren nahm die Erdölförderung in der Nordsee zu und wurde sogar noch in dem Maße intensiviert, wie neue Funde gemacht wurden.

Der Norden Norwegens, das Land der Mitternachtssonne, ist heute die Heimat der Lappen, der ersten Bewohner Norwegens, die von der Rentierzucht leben.

Herzlich willkommen in Norwegen!

Norge er et relativt lite land, som strekker seg fra Lindesnes i sør på 58° og til Nordkapp som ligger på 71°, men Norges nordligste utpost er Svalbard på 81° nordlig bredde.

Norges befolkning på noe over 4 millioner mennesker har en spredt bosetting på de 324.000 kvadratkilometer store landet.

Norges mange fjorder og fjell gjør landet til et yndet turistmål med vakker og skiftende natur og takket være den varme Golfstrømmen er det et fint klima her.

Menneskene ernærer seg i første rekke av jord- og skogsbruk, fiske, sjøfart og industri. I de senere årene er oljeutvinningen i Nordsjøen øket og øker for hvert år ettersom nye oljeforekomster finnes

I Nord-Norge, midnattsolens land bor en av Norges eldste folkegrupper, samene som ernærer seg for det meste av reinsdrift.

Vi ønsker Dem et hyggelig opphold i Norge!

59

View of Romsdalen from Romsdalhorn.
Blick vom Romdalshorn über Romsdal.
Utsikt från Romsdalshorn över Romsdalen.
Utsikt fra Romsdalshorn over Romsdalen.
Näkymä Romsdalshornista Romsdalenin laaksoon.

Norja on suhteellisen pieni maa, joka ulottuu 58. leveysasteelta Lindesnesistä Nordkappiin 71°:lla. Norjan Pohjoisin etuvartio on kuitenkin Svalbard, 81° pohjoista leveyttä.

Norjan runsaat 4 miljoonaa asukasta ovat levittäytyneet maan 324.000 neliökilometrin laajuiselle alalle.

Lukuisat vuonot ja tunturit ovat tehneet maasta kauniine ja vaihtelevine luontoineen suositun turistikohteen, jonka ilmasto lämpimän Golf-virran ansiosta on enimmäkseen miellyttävä.

Maanviljelys ja metsänhoito, kalastus, merenkulku ja kasvava teollisuus ovat maan pääasialliset elinkeinot, joskin viime vuosien aikana Pohjanmeren öljylöydöt ovat synnyttäneet uuden, yhä kasvavan elinkeinon haaran.

Pohjois-Norjassa, keskiyön auringon maassa, asuvat saamelaiset, eräs Norjan vanhimmista väestöryhmistä, joka saa pääasiallisen toimeentulonsa poronhoidosta.

Toivomme, että viihdytte Norjassa!

60

Briksdalsbreen.

62

63

Oslo, the oldest capital in Scandinavia, was founded in 1050 by King Harald Hardråde.
Left: Evening atmosphere in Karl Johan street. *Above:* The Town-Hall. *Below:* The interior of the Town-Hall.

Oslo, die älteste Hauptstadt Skandinaviens, wurde 1050 von König Harald Hardråde gegründet.
Links: Abendstimmung auf der Karl Johansgatan. *Oben:* Rathaus. *Unten:* Das Rathaus von innen.

Oslo, Nordens äldsta huvudstad, grundades omkring år 1050 av Kung Harald Hardråde.
Till vänster: Aftonstämning på Karl Johansgatan. *Ovan:* Rådhuset. *Under:* Interiör från Rådhuset.

Oslo er Nordens eldste hovedstad, grunnlagt omkring år 1050 av Kong Harald Hardråde.
Til venstre: Aftenstemning på Karl Johansgate. *Over:* Oslo Rådhus. *Under:* Interiør fra Rådhuset.

Oslo on Pohjolan vanhin pääkaupunki, jonka kuningas Harald Hirmuinen perusti noin v. 1050.
Vasemmalla: Iltatunnelmaa Karl Johansgatella. *Ylh:* Raatihuone. *Alh:* Sisäkuva Raatihuoneelta.

Oslo is renowned as being a capital of outdoor life and sports. Oslo Golf Club "Bagstad", Tryvannstua and Frognerbadet are popular places.
The games in Holmenkollen held in March are one of the world's main skiing attractions and the ski-jumping event can attract more than 100000 spectators.
Besserudstjärnen by the ski-jumping slope is a popular beach during the summer season.

Oslo ist bekannt als eine Hauptstadt mit einem hohen Freizeitwert und vielen Sportmöglichkeiten. Der Osloer Golfklub "Bagstad" sowie Tryvannstua und Frognerbadet sind hierbei sehr beliebt.
Die im März auf dem Holmenkollen stattfindenden Skiwettbewerbe zählen zu den wichtigsten Skiereignissen der Welt. Das Skispringen lockt mitunter über 100.000 Zuschauer an.
Besserudstjärnen bei der Skisprungschanze ist im Sommer ein beliebter Badeort.

Oslo är kanske framför allt friluftslivets och sportens huvudstad. Oslo Golfklubb "Bagstad", Tryvannstua och Frognerbadet är populära platser.
Holmenkollenspelen i mars månad är ett av världens största vintersportevenemang. Backhoppningen kan samla över 100.000 åskådare.
Besserudstjärnen vid foten av backen är en livligt besökt badstrand sommartid.

Oslo er kanskje framfor alt friluftlivets og sportens hovedstad. Oslo Golfklubb "Bostad", Tryvannstua og Frognerbadet er populære steder.
Holmenkollenrennene i mars måned er blandt verdens største vintersportsbegivenheter. Til det spesielle hopprennet kan det samles over 100.000 tilskuere.
Besserudstjernet ved foten av bakken er et populært badested sommertid.

Oslo on ennenkaikkea ulkoilun ja urheilun pääkaupunki. Oslon Golfklubi "Bagstad", Tryvannstua ja Frognerin uimala ovat hyvin suosittuja paikkoja.
Hollmenkollenin kisat maaliskuussa kuuluvat maailman suosituimpiin talviurheilutapahtumiin, jonka mäenlaskukilpailua voi seurata yli 100.000 katsojaa.
Mäen juurella sijaitseva Besserud-lampi on suosittu uintipaikka kesällä.

64

65

66

67

The Vigeland Park in Frogner with 150 sculptures by the world-famous artist Gustav Vigeland is well worth a visit.
Left: Sinnataggen and (on the next page) the 17 meter high Monolitten, the centre of the park.

Der Vigelandspark in Frogner mit 150 Skulpturen des weltberühmten Künstlers Gustav Vigeland ist wirklich sehenswert.
Links: Sinnataggen und (auf der nächsten Seite) der 17 Meter hohe Monolith der Mittelpunkt des Parks.

Vigelandsparken i Frogner med 150 skulpturer av den världsberömde konstnären Gustav Vigeland är en stor upplevelse.
Till vänster: Sinnataggen och på nästa sida den 17 meter höga Monolitten, parkens medelpunkt.

Vigelandsparken på Frogner med 150 skulpturer av den verdensberømte kunstneren Gustav Vigeland er en stor opplevelse.
Til venstre: Sinnataggen og på neste side den 17 m høye Monolitten, Parkens midtpunkt.

Näkemisen arvoisessa Vigelandspuistossa Frognerissa on 150 maailmankuulun taiteilijan, Gustav Vigelandin veistosta. Vasemmalla "Äkämys" ja oikealla 17 m korkea Monoliitti, puiston keskipiste.

Norwegian arts and crafts have their origin in prehistoric times. Viking ships and the treasures found onboard are proof of this.
Top left: Osebergs Ship from the 10th century, preserved in the Viking museum in Bygdoy.
Bottom left: The arctic ship "Fram".
Above: The fort of Akershus has guarded Oslo since the beginning of the 14th century.

Kunst und Kunsthandwerk in Norwegen haben ihren Ursprung in vorgeschichtlicher Zeit. Dies wird durch die Wikingerschiffe und die darin gefundenen Schätze bewiesen. .
Links oben: Das aus dem 10. Jahrhundert stammenden Oseberg-Schiff, ausgestellt im Wikingermuseum in Bygdoy.
Links unten: Das Polarschiff "Fram".
Oben: Die Festung Akershus wacht seit Anfang des 14. Jahrhunderts über Oslo.

Norsk konst och hantverk har sitt ursprung långt tillbaka i forntiden. Vikingaskepp och de konstskatter som hittats ombord, utgör levande bevis för detta.
Överst till vänster: Osebergsskeppet från 900-talet, som finns bevarat på Vikingaskeppsmuséet i Bygdøy.
Under till vänster: Polarskeppet "Fram".
Ovan: Akershus fästning har vaktat Oslo sedan 1300-talets början.

Norsk kunst og håndtverk har sitt utspring langt tilbake i fortiden. Vikingeskip og kunstskatter som er funnet ombord utgjør et levende bevis for dette.
Øverst til venstre: Osebergskipet fra det 9 århundre, som finnes bevart på Vikingeskipmuseet på Bygdøy.
Under til venstre: Polarskuten "Fram".
Over: Akershus festning har stått vakt over Olso siden begynnelsen av det 13 århundre.

Norjalaisen taiteen ja käsityön juuret ovat kaukana muinaisuudessa. Viikinkialukset ja niistä löydetyt monet taideaarteet ovat tästä elävänä todistuksena.
Vasemmalla ylh: 9:nneltä vuosisadalta peräisin oleva viikinkialus "Oseberg", jota säilytetään Bygdöyn Viikinkilaivatalossa.
Alhaalla: Napapiirialus "Fram".
Yllä: Akershusin linnoitus on vartioinut Osloa 1300-luvun alkupuolelta lähtien.

75

76

Our journey continues, now towards Sørlandet.
Top left: After leaving Oslo we pass Drammen. We travel through towns and cities, passing fertile agricultural districts and lovely beaches. In Sandefjord we find the "Valfångstmonumentet", a whaler monument by Knut Steen, the only rotating monument in Norway.
Bottom left: The Slottsfjälltower in Tönsberg, the oldest city in Norway.
Top right: Arendal.
Bottom right: The coast of Sørlandet.

Die Reise geht jetzt weiter nach Sørlandet.
Links oben: Hinter Oslo kommt man an Drammen vorbei. Die Reise führt durch kleinere und größere Städte, vorbei an fruchtbaren Äckern und herrlichen Stränden. In Sandefjord findet man das von Knut Steen geschaffene Walfängerdenkmal (Valfångstmonumentet), das einzige sich drehende Denkmal Norwegens.
Links unten: Slottsfjällstornet in Tönsberg, der ältesten Stadt Norwegens.
Rechts oben: Arendal.
Rechts unten: Die Küste von Sørlandet.

Resan går vidare, nu mot Sørlandet.
Överst till vänster: Efter Oslo passerar vi Drammen. Färden går genom små och stora städer, förbi bördiga jordbruksbygder och vid sidan om härliga badstränder. I Sandefjord står Valfångstmonumentet, Norges enda roterande monument, skapat av Knut Steen.
Under till vänster: Slottsfjällstornet i staden Tönsberg, Norges äldsta stad.
Ovan till höger: Arendal.
Nedan till höger: Sørlandskusten.

Reisen går videre, nå mot Sørlandskysten.
Øverst til venstre: Etter Oslo passerer vi Drammen. Ferden går gjennom små og store byer, forbi frodige jordbruksbygder og fine badeplasser. I Sandefjord står Hvalfangsmonumentet, Norges eneste roterende monument, laget av Knut Steen.
Under til venstre: Slottsfjelltårnet i Tønsberg, som regnes for Norges eldste by.
Øverst til høyre: Arendal.
Under til høyre: Sørlandskysten.

Matka jatkuu Oslosta kohti Sörlandetia.
Ylinnä vasemmalla: Ensimmäiseksi sivuutetaan Drammen. Matka käy niin pienien kuin suurempienkin kaupunkien, vauraiden maanviljelysseutujen ja hienojen uimarantojen kautta. Sandefjordissa on Norjan ainoa pyörivä muistomerkki, Knut Steenin Valaanpyyntimonumentti.
Alinna: Slottsfjäll-torni Tönsbergissä, Norjan vanhimmassa kaupungissa.
Oikealla ylhäällä: Arendal.
Alhaalla: Sörlannin rannikkoa.

80   81

Top left: Kristiansand S was established by royal command of King Christian IV in 1641.
Bottom left: Stavanger, now one of Norway's largest oilcities also has extensive ship-yards.
Top right: These old cathedral-ruins from the 12th century can be found in Hamar.
Below: Travelling to the southeast we reach Halden and the mountain-fort of Fredriksten.

Links oben: Kristiansand S wurde 1641 auf Befehl von König Christian IV gegründet.
Links unten: Stavanger, jetzt eine der größten Städte für Norwegens Ölindustrie, hat auch gewaltige Schiffswerften.
Rechts oben: Diese Ruinen eines Domes aus dem 12. Jahrhundert findet man in Hamar.
Rechts unten: Wenn man nach Südosten weiterreist, erreicht man Halden und die Bergfestung Fredriksten.

Överst till vänster: Kristiansand S anlades på kunglig befallning år 1641 av Kung Christian IV.
Nedan till vänster: Stavanger, som blivit en av Norges största oljestäder, har också många skeppsvarv.
Överst till höger: I Hamar hittar vi den gamla domkyrkoruinen från 1100-talet.
Nedan: När vi sedan reser i sydostlig riktning kommer vi till Halden och fjällfästningen Fredriksten.

Øverst til venstre: Kristiansand S ble anlagt på kongelig befaling i år 1641 av Kong Christian IV.
Nederst til venstre: Stavanger, som er blitt en av Norges største oljebyer, har også mange skipsverft.
Øverst til høyre: I Hamar finner vi de gamle domkirkeruinene fra det 11 århundre.
Nederst til høyre: Når vi siden reiser i sydøstlig retning kommer vi til Halden og fjellfestningen Fredriksten.

Ylinnä vasemmalla: Kristiansand S perustettiin kuningas Kristian IV:nnen käskystä v. 1641.
Alhaalla vasemmalla: Stavanger, josta on tullut Norjan suurimpia öljykaupunkeja suurine laivatelakoineen.
Oikealla ylhäällä: Hamarista löytyvät 1100-luvulta peräisin olevan tuomiokirkon rauniot.
Alhaalla: Täältä kaakkoon tullaan Haldeniin, jossa on mm. vanha Fredrikstenin tunturilinnoitus.

Vestland is one of Norway's most beautiful regions and the flow of tourists never stops.
Top left: The mountain-path Trollstigen from Romsdal to Valldal is fantastic.
Bottom left: Stigfoss Bridge at Trollstigen.
Bottom right: Mountain-climbing in Torshammaren.
Above: The view from Flydalsjuvet of Gerangerfjorden, one of the most beautiful fiords in Norway.

Vestland ist eines der schönsten Gebiete Norwegens; der Besucherstrom reißt dort niemals ab.
Links oben: Der Bergpfad Trollstigen von Romsdal nach Valldal ist von einer faszinierenden Schönheit.
Links unten: Die Stigfossbrücke beim Trollstigen.
Rechts unten: Bergsteigen in Torshammaren.
Oben: Blick vom Flydalsjuvet über den Gerangerfjord, einen der schönsten Fjorde Norwegens.

Vestlandet är en av Norges vackraste landsdelar och turiströmmen hit är stor.
Ovan till vänster: Trollstigen, som går från Romsdal til Valldal, är vidunderligt skön.
Under till vänster: Stigfossbron vid Trollstigen.

Under till höger: Bergsklättring i Torshammaren.
Ovan: Utsikt från Flydalsjuvet över Geirangerfjorden, en av de allra vackraste fjordarna i Norge.

Vestlandet er en av Norges vakreste landsdeler og turiststrømmen hit er stor.
Bildet øverst til venstre: Trollstigen som går fra Romsdal til Valldal er vidunderlig vakker.
Under til venstre: Stigfossbroen i Trollstigen.
Under til høyre: Fjellklatring i Torshammeren.
Over: Utsikt fra Flydalsjuvet over Geiranger og fjorden, en av de vakreste fjorder i Norge.

Vestlandet on Norjan kauneimpia seutuja, joka vetää puoleensa turisteja suurin joukoin.
Vasemmalla ylhäällä: Romsdalista Valldaliin johtava Trollstigen on tienrakennuksen mestarinäyte.
Alla vas.: Stigfossin silta Trollstigenin varrella.
Oikealla alh.: Vuorikiipeilyä Torshammarenissa.
Yllä: Geiranger, yksi Norjan kauneimmista vuonoista Flydalin rotkosta nähtynä.

On the slopes of Hardangerfjord, as shown here near Norheimssund, the woods bloom throughout the spring and summer transforming the area into a sea of blossoms.

An den Abhängen des Hardangerfjords — hier bei Norheimssund — blühen die Wälder den ganzen Frühling und Sommer hindurch und verwandeln die Landschaft in ein wahres Blütenmeer.

Runt Hardangerfjordens sluttningar, som här vid Norheimssund, blommar otaliga träd om våren och försommaren och förvandlar stora delar av trakten till ett blomsterhav.

Rundt Hardangerfjordens strender, som her ved Norheimsund, blomstrer utallige trær om våren og sommeren og forvandler store deler av traktene til et blomsterhav.

Hardangerin vuonon rinteillä kukkivat keväisin ja alkukesästä lukuisat puut loihtien laajat alueet todelliseksi kukkamereksi. Kuvassa Norheimssund.

The church of Borgund build around 1150 is a typical stave church an done of the country's best preserved churches of this type.

Die etwa aus der Mitte des 12.Jahrhunderts stammende Kirche von Borgund ist eine typische Stabkirche und gehört zu den besterhaltenen Kirchen dieser Art in Norwegen.

Borgund stavkyrka från ca 1150-talet är en typisk stavkyrka och tillhör en av de bäst bevarade i landet.

Borgund Stavkirke fra ca 1150 tallet er en typisk stavkirke og er en av de best bevarte i landet.

Borgundin sauvakirkko 1150-luvulta on yksi Norjan parhaiten säilyneistä tyypillisistä sauvakirkoista.

Bergen, the city between seven mountains, is the second largest town in Norway and also one of the oldest and perhaps one of the most individual ones where old and new unite in harmony.
Above: View from Floien.
Top right: The fishing industry has been the city's main source of income from time immemorial, and fresh fish is still sold in the market place today.
Bottom left: Old Bergen.
Bottom right: The training-ship Statsraad Lehmkuhl.

Bergen, umgeben von sieben Bergen, ist Norwegens zweitgrößte Stadt, gleichzeitig eine der ältesten und vielleicht eine der individuellsten Städte des Landes, in der sich das Alte und das Neue harmonisch verbinden.
Oben: Blick vom Floien.
Rechts oben: Seit undenklichen Zeiten lebt die Stadt überwiegend von der Fischindustrie, und auch heute noch verkauft man auf dem Markt frische Fische.
Links unten: Alt-Bergen.
Rechts unten: Das Schulschiff Statsraad Lehmkuhl.

Bergen, staden mellan sju fjäll, är Norges näst största stad, men också en av de äldsta och kanske den mest särpräglade, där gammalt och nytt för-.enas i harmonj.

Ovan: Utsikt från Floien.
Överst till höger: Fisket har varit stadens huvudnäring sedan urminnes tider och färsk fisk säljs fortfarande på torget.
Nedan till vänster: Gamla Bergen.
Nedan till höger: Skolskeppet Statsraad Lehmkuhl.

Bergen, byen mellom de syv fjell, er Norges nest største by, også en av de eldste og kanskje mest særpregede, der gammelt og nytt forenes i harmoni.
Over: Utsikt fra Fløien.
Øverst til høyre: Fisket har vært byens næringsgrunnlag i uminnelig tid og fersk fisk selges fortsatt på torget.
Nederst til venstre: Gamle Bergen.
Nederst til høyre: Statsraad Lehmkuhl.

Bergen, kaupunki seitsemän tunturin keskellä, on Norjan toiseksi suurin kaupunki ja yksi vanhimmista ja ehkä erikoisinkin, jossa vanha ja uusi sulautuvat harmonisesti yhteen.
Yllä: Näköala Flöienilta.
Oikealla ylh.: Kalastus on ollut kaupunkilaisten elinkeino ikimuistoisista ajoista lähtien ja tuoretta kalaa myydään torilla tänäkin päivänä.
Vasemmalla: Vanhaa Bergeniä.
Oikealla: Koululaiva Staatsraad Lehmkuhl.

91

92 93

Left: Heddal stave church in Telemark built in 1350 is one of about 30 churches of this type which still exist today.
Below: Ålesund, the largest fishing-port of the country.

Links: Die aus der Mitte des 14. Jahrhunderts stammende Stabkirche von Heddal in Telemark ist eine der etwa 30 heute noch erhaltenen Kirchen dieser Art.
Unten: Ålesund, der größte Fischereihafen des Landes.

Till vänster: Heddal stavkyrka i Telemark från mitten av 1300-talet är en av de ca 30 som idag finns kvar.
Under: Ålesund, landets största fiskehamn.

Til venstre: Heddal Stavkirke i Telemark fra 1350 tallet, en av de ca. 30 som idag finnes tilbake.
Under: Ålesund, landets støste fiskehavn.

Vasemmalla: Heddalin sauvakirkko 1350-luvulta Telemarkissa, yksi jäljelläolevista n. 30:stä sauvakirkosta.
Alhaalla: Ålesund, maan suurin kalasatama.

96

97

Above and centre: Kristiansund N and Molde in Møre and Romsdal are two typical seaports.
Below: Trondheim.

Oben und Mitte: Kristiansund N und Molde in Møre und Romsdal sind zwei typische Fischerei- und Seehäfen.
Unten: Ansichten von Trondheim.

Ovan och i mitten: Kristiansund N och Molde i Møre och Romsdal är två typiska fiske- och sjöfartsstäder.
Undre bilderna: Trondheim.

Øverst og i midten: Kristiansund N og Molde i Møre og Romsdal er to typiske fiske og sjøfartsbyer.
Under: Trondheim.

Ylh. ja kesk: Kristiansund N ja Möre Romsdalissa ovat kaksi tyypillistä merenkulku- ja kalakaupunkia.
Alla: Trondheim.

99

98

Trondheim — "The Coronation City" — founded by Olav Tryggvasson in the year 997 and situated in one of Norway's largest agricultural districts, is a centre for research and education. One of Trondheim's main attractions is the Nidaros Cathedral, whose oldest parts date back to the 13th century.
The picture below shows a panorama of Bodö at the entrance to Saltfjord. Fishing, which was the basis for the development of the town, is still an important factor of Bodö's economy.

Trondheim, die im Jahr 997 von Olav Tryggvasson gegründete "Krönungsstadt", liegt in einem der größten Landwirtschaftsgebiete Norwegens und ist ein Zentrum für Forschung und Erziehung. Als eine der Hauptsehenswürdigkeiten Trondheims ist der Nidarosdom zu nennen, dessen Anfänge bis in das 13. Jahrhundert zurückreichen.
Das Bild unten zeigt eine Ansicht von Bodö am Eingang zum Saltfjord. Die Fischerei, die für die Entwicklung der Stadt von großer Bedeutung war, ist auch heute noch eine wichtige Grundlage für das wirtschaftliche Leben Trondheims.

Trondheim — "kröningsstaden" — som grundades av Olav Tryggvasson år 997, ligger i ett av Norges största jordbruksdistrikt och är centrum för forskning och undervisning. En av Trondheims stora sevärdheter är Nidarosdomen, vars äldsta delar är från 1200-talet.
Undre bilden visar ett panorama över Bodö vid Saltfjordens mynning. Fisket, som betytt mycket för stadens utveckling är fortfarande en viktig grundsten för industri och sysselsättning.

Trondheim — "kroningsbyen" — ble grunnlagt av Olav Tryggvasson i år 997 og ligger i et av Norges største jordbruksdistrikter og er sentrum for forskning og undervisning. En av Trondheims store severdigheter er Nidarosdomen, hvor de eldste deler er fra 12-hundretallet.
Undre bildet vises et panorama over Bodø ved Saltfjordens munning. Fisket som har betydd mye for byens utvikling er fortsatt en viktig grunnstein for industri og sysselsetting.

Olav Tryggvasson perusti v. 997 Trondheimin, "Kruunauskaupungin", joka sijaitsee Norjan suurimmalla maanviljelysalueella, mutta on myös tutkimuksen ja opetustoimen keskus. Eräs sen tunnetuimmista rakennuksista on Nidarosin tuomiokirkko, jonka vanhimmat osat ovat peräisin 1200-luvulta.
Alakuvassa näkymä Saltfjordenin suulla sijaitsevasta Bodöstä, jonka teollisuuden ja kehityksen perustana on vielä nykyäänkin kalastus.

102

103

Northern Norway has a beautiful countryside which can be seen by car, boat or train.
This is the Land of the Midnight Sun, where the sun shines all day during the summer, but in the winter it is completely dark for 2 or 3 months.
Above: View from Fjellheisen, Narvik.
Middle: The church in Tromsdalen, Tromsö.
Below: Store Ste, Nordreisa.

Im Norden Norwegens findet man eine herrliche Landschaft, die man mit dem Auto, Schiff oder Zug erleben kann.
Dies ist das Land der Mitternachtssonne, in dem die Sonne im Sommer Tag und Nacht nicht hinter dem Horizont versinkt, während es im Winter zwei oder drei Monate lang vollkommen dunkel bleibt.
Oben: Blick vom Fjellheisen, Narvik.
Mitte: Die Kirche in Tromsdalen auf Tromsö.
Unten: Store Ste, Nordreisa.

Nord-Norge är ett vackert land, som kan upplevas från bil, båt eller tåg. Detta är midnattssolens land, det är ljust dygnet runt sommartid, men om vintern är det mörkt i 2—3 månader.
Överst: Utsikt från Fjellheisen, Narvik.
Mitten: Tromsdalens kyrka, Tromsö.
Underst: Store Ste, Nordreisa.

Nord-Norge er et vakkert land, som kan oppleves fra bil, båt eller tog. Dette er midnattsolens land, det er lyst døgnet rundt sommertid, men om vinteren er det mørkt i 2—3 måneder.
Øverst: Utsikt fra Fjelleheisen, Narvik.
Midten: Tromsdalens Kirke, Tromsø.
Nederst: Store Ste, Nordreisa.

Pohjois-Norja on kaunis maa, matkustaa sitten autolla ja laivalla tai junalla. Keskiyön auringon maassa on miellyttävä ilmasto ja kesäaikana valoisaa vuorokaudet ympäri, kun taas talvella ei 2—3 kuukauteen näe auringosta viiruakaan.
Ylinnä: Näköala Fjellheiseniita Narvikissa.
Keskellä: Tromsdalenin kirkko, Tromssassa.
Alinna: Stor Ste Nordreisassa.

This is where the Lapps live. They are amongst the earliest inhabiants of Norway.
Above: A bridal couple in Lapp costume.
Left: A visit to the silver smith in Kautokeino.

Hier ist die Heimat der Lappen, die zu den ersten Bewohnern Norwegens gehörten.
Oben: Ein Brautpaar in der Volkstracht der Lappen.
Links: Ein Besuch beim Silberschmied in Kautokeino.

Här uppe lever en av Norges äldsta folkgrupper, samerna.
Ovan: Brudpar i samedräkt.
Till vänster: Ett besök hos silversmeden i Kautokeino.

Her oppe lever en av Norges eldste folkegrupper, samene.
Over: Brudepar i samedrakt.
Til venstre: Et besøk hos sølvsmeden i Kautokeino.

Täällä pohjoisessa tapaa erään Norjan vanhimmista väestöryhmistä, saamelaiset.
Ylinnä: Saamelaisasuinen hääpari.
Vasemmalla: Vierailu hopeasepän pajassa Kautokeinossa.

107

108

Above: Lyngen.
Below: Straumfjord in Nordreisa.

Oben: Lyngen.
Unten: Straumfjord in Nordreisa.

Ovan: Lyngen.
Under: Straumfjord i Nordreisa.

Øverst: Lyngen.
Nederst: Straumfjord i Nordreisa.

Ylhäällä: Lyngen-vuono.
Alhaallä: Straumfjord Nordreisassa.

FINLAND

The country we call Finland today was first inhabited about ten thousand years ago. During the Stone Age and the Bronze Age the area of 305,000 sq. km, rich in marshes, was sparsely populated. Finland is commonly known as "The Land of the Thousand Lakes" and, in fact, the number of lakes exceeds 60,000.

Along the beaches you will find almost a million summer cottages and, more important yet, the famous Finnish saunas.

At present the population is approximately 4.8 million, of which 60% live in the cities, but only five cities have more than 100,000 inhabitants.

In view of the relatively small number of inhabitants Finland offers an untouched countryside — numerous wild waterfalls and areas which are particularly colourful during the autumn. This serves as an inexhaustible source of design and colour for Finland's internationally known art and handicraft.

The difficult language may appear to be deterrent, however, Finland is a bilingual country — the second official language is Swedish, which is also the native tongue of about 6,5% of the population.

The hospitable and friendly Finnish people bid their guests a hearty welcome to Finland — a gate from the West to the East.

Die ersten Ansiedlungen in dem Land, das heute Finnland genannt wird, reichen etwa zehntausend Jahre zurück. Während des Steinzeit- und Bronzezeitalters war das etwa 305.000 Quadratkilometer große Gebiet mit seinen unendlichen Wiesen und Niederungen nur sehr dünn besiedelt. Finnland ist allgemein als "Land der Tausend Seen" bekannt — eine Bezeichnung, die durch die über 60.000 Seen wirklich gerechtfertigt ist.

An den Stränden findet man fast eine Million Sommerhäuschen, vor allem aber überall die berühmte finnische Sauna.

Finnland hat derzeit etwa 4,8 Mill. Einwohner, von denen 60 Prozent in den Städten leben, jedoch haben nur fünf Städte mehr als 100.000 Einwohner.

Aufgrund der relativ geringen Einwohnerzahl findet man in Finnland noch heute unberührte Natur — mit zahlreichen Wasserfällen und Gebieten, die sich besonders im Herbst mit einer herrlichen Farbenpracht schmücken. Für die weltberühmte Kunst und das Kunsthandwerk Finnlands stellt diese Landschaft eine wahre Fundgrube für Formen und Farben dar.

Für manche mag die schwierige Sprache fast abschreckend wirken, doch ist Finnland ein zweisprachiges Land — schwedisch ist die offizielle Zweitsprache, für etwa 6,5 Prozent der Bevölkerung sogar die Muttersprache.

Die gastfreundlichen liebenswürdigen Finnen heißen ihre Gäste herzlich willkommen in Finnland — dem Tor vom Westen zum Osten.

För ca tiotusen år sedan fick landet vi kallar Finland sina första invånare. Under sten- och bronsåldern var det 305.474 km² vidsträckta landet, som är rikt på kärr, glest bebyggt.

Finland kallas allmänt för de tusen sjöarnas land. I själva verket är sjöarnas antal långt över 60.000.

Längs stränderna finner man närmare en miljon sommarstugor och framförallt den berömda finska bastun.

Befolkningen uppgår för närvarande till ca 4,8 milj. varav 60 % bor i städerna. Men bara fem av städerna har mer än 100.000 invånare.

I förhållande till invånarantalet har således Finland mycket oförd natur med sina många ännu otyglade forsar och särskilt om hösten färgsprakande nejder. Detta är en outtömlig källa för Finlands internationellt kända konstindustri, när det gäller form och färg.

Språksvårigheter kan av många synas avskräckande trots att Finland är ett tvåspråkigt land. Det andra officiella språket är svenska och ca 6,4 % av befolkningen har detta som modersmål.

Det gästfria och vänliga finska folket önskar sina gäster hjärtligt välkomna till Finland, en port från Väst till Öst.

Finland fikk sine første innbyggere for over titusen år siden, men var meget tynt befolket i stein og bronsealderen.

Det 305.474 kvadratkilometer store og vidstrakte landet kalles ofte for "de tusen sjøers land", i selve skaperverket er sjøenes antall langt over 60.000.

Langs strenden finner man nærmere en million sommerhytter og framfor alt den berømte finske badstuen.

Befolkningen er fortiden ca. 4,8 millioner mennesker, hvorav ca. 60 % bor i byer eller tettsteder, men bare fem av byene har mer enn 100.000 innbyggere.

Finland har mye urørt natur med ville fosser og om høsten fargesprakende vidder, dette er en uutømmelig kilde for Finlands internationalt kjente kunstnere når det gjelder form og farge.

Finsk er det ofisielle språk ved siden av svensk, som snakkes av ca. 6.4 % av befolkningen, slik at ingen bør skremmes av språkvanskeligheter.

Det gjestfrie og vennlige finske folk ønsker sine gjester hjertelig velkommen til Finland, en port fra vest til øst.

Finland's countryside, to a large extent still untouched, offers the traveller a peaceful wilderness and an exciting tour of the numerous rapids.

In der zum großen Teil noch unberührten Natur Finnlands findet der Reisende eine ungestörte Wildnis und die Gelegenheit zu einer aufregenden Fahrt über zahlreiche Stromschnellen.

Finlands till stor del orörda natur, erbjuder sina resenärer fridfull ödemark och forsfärdens spännande exotik.

Finland's urørte natur tilbyr sine besøkende fredfull ødemark og fosseferdens eksotiske spenning.

Suomen suurelta osin vielä koskematon luonto tarjoaa matkailijalle sekä erämaan rikkumatonta rauhaa että esim. koskenlaskun jännittävää eksotiikkaa.

"Suomi-neito" — valtakunnanrajojen muodoista lempinimensä saanut tasavalta — on saanut ensimmäiset asukkaansa kymmenisen tuhatta vuotta sitten, joskaan kivi- ja pronssikauden aikoihin ei varsin suurta asukasmäärää tässä 305.474 km² laajuisessa, 60.000 järven ja yhdessä maailman suorikkaimmassa maassa vielä vaeltanutkaan.

Nykyinen väestö on vajaat 4,8 milj. henkeä, mistä n. 60 % asuu kaupungeissa. Näistä vain viisi yltää yli 100.000 asukkaan.

Suomessa riittää siis luontoa kaikille ja niinpä juuri luonnonläheisyys ja vuodenaikojen vaihtelu ovat maailmankuulun suomalaisen taide- ja muunkin teollisuuden värien ja muodon ehtymätön lähde.

Koskematonta luontoa löytyy Suomesta jo heti pääkaupungin liepeiltä lähtien aina rajaseutujen vielä vapaina virtaavia koskia myöten ja lähes miljoonan kesämökin sekä niihin kuuluvien saunojen rakentamiselle löytyy vielä tilaa.

Suomalaisia sanotaan ystävälliseksi ja vieraanvaraiseksi kansaksi joskin kieli tuottaa kommunikointivaikeuksia, niin kaksikielinen maa kuin Suomi onkin, maan toinen virallinen kieli kun on ruotsi, jota äidinkielenään puhuu noin 6,4 % väestöstä.

Suomi on myös kiehtova Lännen portti Itään!

Tervetuloa!

111

112

113

Travelling to Finland by boat from the west, you are greeted by Åland, with its unique archipelago where an old culture is still preserved. Such an archipelago — with 6500 islands and uncountable islets — is rarely found elsewhere.

Wenn man von Westen mit dem Schiff nach Finnland kommt, wird man zuerst von Åland und seiner einzigartigen Inselgruppe begrüßt, wo die alte Kultur bis heute erhaltenblieb. Ein derartiges Archipel — mit 6500 Inseln und unzähligen Inselchen — findet man sonst kaum auf der Welt.

På väg till Finland, med båt västerifrån, hälsas man först välkommen av Åland och dess unika arkipelag, där gammal kultur fortfarande är bevarad. Den åländska arkipelagen, bestående av 6500 öar samt otaliga kobbar, är en sällsynthet i världen.

På vei til Finland med båt vestfra, hilses man først velkommen av Åland og den unike skjærgården, der gammel kultur fortsatt er bevart. Den ålandske skjærgård, som består av 6500 øyer sammen med utallige holmer, er et særsyn i verden.

Koko maailmassa harvinainen 6500 saaren ja lukemattomien kallioluotojen muodostama arkipelagi Ahvenanmaa tervehtii vanhoine saaristolaiskulttuureineen ensimmäikseksi lännestä tulevaa laivamatkailijaa.

114

115

Arriving by boat into Helsinki, the neoclassic character of the town is dominated by the magnificent and majestical Cathedral (Carl Ludvig Engel).

Wenn man sich Helsinki mit dem Schiff nähert, wird das neoklassizistische Stadtbild von der herrlichen, ehrwürdigen Kathedrale (Carl Ludvig Engel) beherrscht.

Anländer man med båt till Helsingfors, domineras den nyklassiska stadsbilden, som då framträder, av den stilfulla och mäktiga Domkyrkan (Carl Ludvig Engel).

Ankommer man med båt til Helsingfors, domineres det nyklassiske bybilde som fremstår, av den stilige og verdigfulle Domkirken (Carl Ludvig Engel).

Tyylikkään ja arvokkaan tuomiokirkon (Carl Ludvig Engel) hallitsema Helsingin uusklassiseen tyyliin rakennettu julkisivu avautuu mereltä käsin tulijalle.

Helsinki, surrounded by bays on all sides, is called "The Daughter of the Baltic Sea". Wille Wallgren's fountain "Havis Amanda" is one of Helsinki's best known symbols.

Helsinki, auf allen Seiten von Buchten umgeben, wird die "Tochter der Ostsee" genannt. Der von Wille Wallgren geschaffene Brunnen "Havis Amanda" ist eines der bekanntesten Wahrzeichen der Stadt.

Helsingfors, som från alla håll är omgiven av havsvikar, kallas för "Östersjöns dotter" och Wille Wallgrens springbrunn "Havis Amanda" är en av dess mest kända symboler.

Helsingfors, som er omkranset av vann på alle kanter, kalles for "Østersjøens datter" og Wille Wallgrens vannfontene "Havis Amanda" er en av byens mest kjente symboler.

Merenlahtien joka puolelta ympäröimää Helsinkiä kutsutaan "Itämeren tyttäreksi" ja Wille Wallgrenin suihkulähde "Havis Amanda" on yksi sen tunnetuimmista symboleista.

A picturesque and probably the most photographed place in Helsinki is the market place, where a lively trade includes fish, vegetables and souvenirs from Lapland.

Ein malerischer und wahrscheinlich der am häufigsten fotografierte Platz Helsinkis ist der lebhafte Markt, wo unter anderem Fisch, Gemüse und Souvenirs aus Lappland verkauft werden.

Den pittoreska och mest fotograferade platsen i Helsingfors är säkerligen Salutorget, där det idkas livlig handel med t.ex. fisk, grönsaker och Lapplandssouvenirer.

Den pittoreske og mest fotografert plass i Helsingfors er Salutorget, der det drives livlig handel med f.eks. fisk, grønnsaker, og Lapplands souvenier.

Värikkäimpiä ja kuvatuimpia kohteita Helsingissä lienee Kauppatori, jolla käydään vilkasta kauppaa meren antimista ja luonnontuotteista Lapin matkamuistoihin.

119 118 120

121

122

Field-Marshal Carl Gustav Mannerheim, the commander-in-chief of the Armed Forces during World War II, was also the first president of independent Finland, which the Olympic runner Paavo Nurmi, some ten years later, placed on the map.

Feldmarschall Carl Gustaf Mannerheim, der Befehlshaber der finnischen Truppen während des II. Weltkrieges, war auch der erste Staatspräsident des unabhängigen Finnland, das 10 Jahre später in aller Munde war, als Paavo Nurmi mit seinem Lauf die Welt eroberte.

Finlands Marskalk Carl Gustaf Mannerheim, försvarsmaktens överbefälhavare under andra världskriget, var även den första riksföreståndaren för det självständiga Finland, som Paavo Nurmi ett tiotal år senare "sprang in på kartan".

Finlands marskalk Carl Gustav Mannerheim, forsvarets øverste befal under andre verdenskrig, var også den første president for det selvstendige Finland, som Paavo Nurmi et titalls år senere "løp inn på kartet".

Suomen Marsalkka Carl Gustaf Mannerheim, puolustusvoimien ylipäällikkö toisen maailmansodan aikana, oli myös sen itsenäisen Suomen ensimmäinen valtionhoitaja, jonka Paavo Nurmi kymmenkunta vuotta myöhemmin "juoksi maailmankartalle".

The Tempelplace Church (Timo and Tuomo Suomalainen) built into the mountain and Prof. Eila Hiltunen's powerful monument of Sibelius represent modern Helsinki.

Die in den Berg hineingebaute Tempelplatz Kirche (Timo und Tuomo Suomalainen) und das mächtige Sibelius-Denkmal von Professor Eila Hiltunen kennzeichnen das moderne Helsinki.

Tempelplatsens kyrka (Timo och Tuomo Suomalainen) som är inbyggd i berget, samt professor Eila Hiltunens mäktiga Sibelius-monument representerar det moderna Helsingfors.

Tempelplassens kirke (Tumo og Tuomo Suomalainen) som er bygget inn i fjellet, samt professor Eila Hiltunens mektige Sibelius monument representerer det moderne Helsingfors.

Modernia Helsinkiä edustavat kallion uumeniin rakennettu Temppeliaukion kirkko (Timo ja Tuomo Suomalainen) ja professori Eila Hiltusen mahtava Sibelius monumentti.

123

124

125

126

Several leading architects participated in the planning and building of the garden town of Hagalund. The Central Tower by Aarne Ervis and "Dipoli" by Reima and Raili Pietilä were among the first public buildings.

Mehrere führende Architekten waren an der Planung und Erbauung der Gartenstadt Hagalund beteiligt. Der Zentralturm von Aarne Ervis und "Dipoli" von Reima und Raili Pietilä gehörten zu den zuerst errichteten öffentlichen Bauwerken.

Flera ledande arkitekter har deltagit i planerandet och byggandet av trädgårdsstaden Hagalund. Aarne Ervis Centraltorn och Reima och Raili Pietiläs "Dipoli" var bland de första av de offentliga byggnaderna.

Flere ledende arkitekter har deltatt i planleggingen og byggingen av hagebyen Hagalund. Aarne Ervis Sentraltårn samt Reima og Raili Pietiläs "Dipoli" var blandt de første av de offentlige bygninger.

Useat johtavat arkkitehdit ovat osallistuneet Tapiolan puutarhakaupungin suunnitteluun ja rakentamiseen. Aarne Ervin Keskustorni ja Reima ja Raili Pietilän "Dipoli" olivat julkisista rakennuksista ensimmäisiä.

The Aura river, with its many bridges, flows through Åbo — the oldest town in Finland (1229). Åbo was the capital of Finland until as late as 1812; its main attractions are the Cathedral and the museum boats.

Die Aura, die von zahlreichen Brücken überquert wird, fließt durch Åbo, der ältesten Stadt Finnlands (1229), die noch bis 1812 Finnlands Hauptstadt war. Dortige Hauptsehenswürdigkeiten sind die Kathedrale und die Museumsschiffe.

Aura å, med sina många broar, genomskär Åbo, Finlands äldsta stad (1229), som var landets huvudstad ända till år 1812. Sevärdheter i Åbo är bl.a. Domkyrkan och museibåtarna.

Aura elv, med sine mange broer, gjennomskjær Åbo, Finlands eldste by (1229), som var landets hovestad helt fram til år 1812. Severdigheter i Åbo er bl.a. Domkirken og de gamle museumsbåtene.

Monien siltojen Aurajoki halkoo Turkua, Suomen vanhinta kaupunkia (1229). Tuomiokirkko ja museolaivat ovat nähtävyyksiä Turussa, joka oli Suomen pääkaupunki vuoteen 1812 asti.

127

128

In spite of many wars, some of the oldest towns have managed to preserve their fascinating country-side style of architecture, often dominated by the church. Porvoo Cathedral was built at the beginning of the 15th century.

Trotz vieler Kriege gelang es einigen der ältesten Städte, ihren eindrucksvollen rustikalen Architekturstil zu bewahren, der oft von der Kirche beherrscht wird. Die Porvoo Kathedrale wurde Anfang des 15. Jahrhunderts erbaut.

Några av de äldsta städerna har trots krigen bibehållit den fängslande, landsbygdsaktiga byggnadsstilen, som kyrkan ofta dominerar. Borgå domkyrka är byggd i början på 1400-talet.

Noen av de eldste stedene har tross krigen beholt sin fengslende landsbygd pregede byggestil, som kirken ofte dominerer. Borgå domkirke er bygd i begynnelsen av 1400-talet.

Muutamat vanhimmista kaupungeista ovat sodista huolimatta säilyttäneet viehättävän maaseutumaisen rakennustapansa, jota kirkko usein hallitsee. Porvoon Tuomiokirkko on rakennettu 1400-luvun alkupuolella.

131

Summer in Finland is lovely but short and fills the open-air cafés.
The square of the old Town-Hall in Porvoo.

Während des finnischen Sommers, der schön aber kurz ist, sind auch die Gartencafés mit Leben erfüllt.
Der alte Rathausplatz in Porvoo.

Finlands sommar är ljus men kort. Den ger emellertid möjligheter även för friluftscaféer.
Gamla rådhusets torg i Borgå.

Finlands sommer er lys men kort. Den gir imidlertid også mulighet for friluftskafèr.
Gamle rådhus torg i Borgå.

Suomen kesä on valoisa mutta lyhyt. Se suo kuitenkin mahdollisuuden myös ulkoilmakahviloille.
Vanhan raatihuoneen tori Porvoossa.

132

134

133

The main skiing event every year in Finland is the "Lahti Games". The lively town, populated by Karelians, is widely known to be a good host for the world championship.

Die jährlich in Lahti stattfindenden Spiele bilden die Hauptattraktion der finnischen Skisaison. Die lebhafte Stadt, die von Kareliern bewohnt wird, ist weltberühmt als guter Gastgeber für die Weltmeisterschaft.

Den största årliga händelsen inom skidsporten i Finland är Lahtisspelen och den livliga, av karelare bebodda staden, är vida känd såsom en god värd för VM i skidåkning.

Den største årlige begivenhet innen skiskporten i Finland er Lahtispelen og den livlige, av karelere bebodde byen, er vide kjent som en god vert for VM på ski.

Lahden kisat ovat Suomen hiihtourheilun jokavuotinen suurtapahtuma ja vilkas, karjalaisten asuttama kaupunki tunnetaan laajalti myös MM-hiihtojen hyvänä isäntänä.

135

136

137

The tower of "Näsinneula" offers a wide view of the developing and lively industrial town of Tammerfors, "The Manchester of Finland", which spreads between the lakes.

Vom "Näsinneula" Turm hat man einen weiten Blick über die aufstreben-de, lebhafte Industriestadt Tammerfors, dem "Manchester Finnlands", die sich zwischen den Seen erstreckt.

Från tornet "Näsinneula" ges möjlighet till vidsträckt utsikt över den fram-åtskridande och livliga industristaden Tammerfors, "Finlands Manchester", som breder ut sig mellan insjöarna.

Fra tårnet "Näsinneula" er det fin utsikt over den fremgangsrike og livlige industribyen Tammersfors "Finlands Manchester" som vider seg ut mellom innsjøene.

"Näsinneulasta" avautuvat mahtavat näkymät yli vesistöjen välissä levittäy-tyvän, kehittyvän ja vireän Tampereen teollisuuskaupungin, "Suomen Mansen".

Above: The oldest castle in Finland, the Åbo Castle (13th century), also served as an administrative center with a distinguished court life.
Gustav Vasa, Gustav II Adolf, Erik XIV and others lived in Kastelholms Castle in Åland.
Olafborg (1475) offers a grand and splendid setting for the yearly opera festivities in Nyslott.

Oben: Die älteste Burg Finnlands, die Burg von Åbo (13. Jahrhundert), diente auch als Verwaltungszentrum und war berühmt für ihr Hofleben.
Unter anderem lebten Gustav Vasa, Gustaf II. Adolf und Erik XIV. im Schloß Kastelholms auf Åland.
Olafborg (1475) bietet eine großartige Kulisse für die jährlich in Nyslott stattfindenden Opernfestspiele.

Finlands äldsta borg, Åbo slott (1200-talet) har även fungerat som administrativt centrum för ett lysande hov.
Kastelholms slott på Åland har bebotts av bl.a. Gustav Vasa, Gustav II Adolf och Erik XIV.
Olofsborg (1475) ger en festlig och mäktig inramning åt de årliga opera-festivalerna i Nyslott.

Finlands eldste borg, Åbo slott (1200 tallet) har også fungert som administrativt sentrum, med et stort og lysende hoff.
På Kastelholms slott på Åland har bl.a. Gustav Vasa, Gustav II Adolf og Erik XIV bodd.
Olofsborg (1475) gir en festlig og mektig ramme om den årlige opera-festivalen i Nyslott.

Suomen vanhin linna, Turun linna (1200-luv.) on toiminut myös maan hallinnollisena keskuksena loistavine hoveineen.
Kastelholman linnassa Ahvenanmaalla ovat asuneet mm. Kustaa Vaasa, Kustaa II Adolf ja Erik XIV.
Olavinlinna (1475) antaa Savonlinnan jokavuotisille oopperajuhlille komeat ja mahtavat puitteet.

138

139

Next page: When turning off the main roads, you will find the wilderness of Lapland and the countless lakes of Finland, a landscape hardly to be found elsewhere in Europe.

Umseitig: Wenn man die Hauptstraßen verläßt, findet man die Wildnis Lapplands und die unzähligen Seen Finnlands — eine Landschaft, die in Europa kaum ihresgleichen hat.

Genom att vika av från huvudvägen finner man såväl Lapplands ödemark som Finlands mångtaliga insjöar — landskapstyper som är sällsynta i övriga Europa.

Når man tar av fra hovedveien finner en Lapplands ödemark sammen med Finlands utallige innsjøer — landskapstyper som er et saersyn andre steder i Europa.

Valtatieltä poikkeamalla löytää sekä Lapin erämaan että laajat vesistöt, jotka ovat harvinaisia muualla Euroopassa.

140

141

145

146

Several areas and counties have their own peasant costumes, giving dazzling colours to the national festivals.

Einige Gebiete, mitunter auch einzelne Ortschaften, haben ihre eigenen Volkstrachten und verleihen damit den Volksfesten eine verwirrende Farbenpracht.

Ett flertal landskap, och orter, har sin egen folkdräkt, som ger en grann färgprakt åt stora folkfester.

Et flertall av landområdene har sine egne folkedrakter som gir en mangeartet og fin fargeprakt på store folkefester.

Monella maakunnalla ja paikkakunnallakin on oma kansallispukunsa, joka antaa iloista värikkyyttää suurille kansanjuhlille.

In Finland snow and winter are inseparable.

Schnee und Winter — das gehört in Finnland zusammen.

Snö och vinter är i Finland oskiljaktiga.

Finlands vinter og snø hører sammen.

Lumi ja Suomen talvi kuuluvat yhteen.

147

148

The Finnish sauna has old and established traditions. New apartment blocks are often provided with saunas, but the best alternative is still a sauna by a lake or by the sea.

Die finnische Sauna beruht auf festen, althergebrachten Traditionen. Oft werden neue Wohnblocks jetzt mit einer Sauna ausgestattet, aber eine Sauna an einem See oder am Meer bleibt unübertroffen.

Den finska bastun har gamla och fasta traditioner. Numera förses många bostäder i höghus med bastu, men bäst är den i alla fall vid en sjö- eller havsstrand.

Den finske badstuen har gamle og faste tradisjoner. Nå har også et flertall av høyblokkene badstue, men best er den i alle fall ved sjø eller havstranden.

Suomalaisella saunalla on vanhat ja vankat perinteet, nykyään rakennetaan sauna jo useisiin kerrostaloljen huoneistoihinkin, mutta parhaimmillaan sauna on järven tai meren rannalla.

Above: The water-way east, the Saima Canal (1856), extends to the Gulf of Finland, beyond the Russian border. *Below:* Practically all waterfalls are connected to power-stations. During the tourist season, however, the Imatra waterfall rushes freely.

Oben: Ein östwärts fließendes Gewässer, der Saima Kanal (1856), erstreckt sich bis zum Finnisehen Meerbusen, noch über die russische Grenze hinaus. *Unten:* Praktisch alle Wasserfälle werden von Kraftwerken genutzt. Während der Fremdenverkehrssaison läßt man den Imatra Wasserfall jedoch ungehindert herabstürzen.

Ovan: Vattenleden österut, Saima kanal (1856) sträcker sig ända till Finska viken, på andra sidan ryska gränsen. *Nedan:* Så gott som alla forsar är tyglade till kraftverk. Ibland under turistsäsongen forsar emellertid Imatra vattenfall fritt fram.

Øverst: Vannveien østover, Saima kanal (1856) strekker seg helt til Finske viken på den andre siden av den Russiske grensen. *Nederst:* Så godt som alle fosser er bundet til kraftverk. Enkelte ganger i turistsesongen fosser imidlertid Imatra's vannfall fritt.

Ylhäällä: Vesitie itään, Saimaan kanava (1856) jatkuu Neuvostoliiton puolelle, Suomenlahteen asti. *Alhaalla:* Lähes kaikki kosket on valjastettu voimalaitosten palvelukseen. Imatrankoski on kuitenkin joskus valloillaan matkailukauden aikana.

149

150

A short distance from Rovaniemi, a town called "The Port of Lapland", you reach the Polar Circle, where you will receive a "certificate" to prove that you have been there.

Kurz hinter Rovaniemi, einer Stadt, die man "Hafen von Lappland" nennt, erreicht man den Polarkreis, wo man eine "Bescheinigung" erhält, die besagt, daß man dort gewesen sei.

Staden Rovaniemi kallas för "Lapplands port", och litet norr om staden når resenären polcirkeln, där man även får ett "certifikat" som berättar att man varit där.

Byen Rovaniemi kalles for "Lapplands port", og et lite stykke nord for byen kommer turistene til polarsirkelen, der kan man få et "sertifikat" som viser at man har passert polarsirkelen.

Rovaniemen kaupunkia kutsutaan "Lapin portiksi" ja jonkin matkaa kaupungin pohjoispuolella matkailija ylittääkin Napapiirin, josta voi saada siitä kertovan "sertifikaatin".

An essential part of the exotic Lapland are the Lapps, dressed in colourful costumes, jewellery and belts, with their wandering reindeer. With luck you may even hear a Lapp sing the very special Lapp song, the "jojk".

Was wesentlich dazu beiträgt, Lappland so fremdartig erscheinen zu lassen, sind die auf ihren Rentieren umherziehende Lappen mit ihren farbenprächtigen Trachten Schmuckstükken und Gürteln. Wenn man Glück hat, kann man sogar den typischen Gesang der Lappen hören, den "Jojk".

Till det exotiska Lappland hör kringvandrande renar och lappar med sina färggranna dräkter, konstfulla smycken och bälten. Man kan även få höra en same framföra en speciell lapsk sång, en jojk.

Til det eksotiske Lappland hører omstreifende rein og samer med sine fargerike drakter, kunstferdige smykker og belter. Man kan også få høre samenes spesielle sang, joiken.

Lapin eksotiikkaan kuuluvat villeinä vaeltavat porot ja lappalaiset värikkäine Lapinvaatteineen, taidokkaine koruineen ja vöineen. Saattaapa vielä kuulla saamelaisen joikaamistakin!

An original Lapp tent, the old home of the Lapps, is rarely seen in Lapland nowadays, but the colourful Lapp costumes are still often worn in everyday life.

Gold-panning is rare, but some people in the isolated areas of Lapland still support themselves in this way.

Ein Original-Lappenzelt, das traditionelle Zuhause der Lappen, sieht man heutzutage nur noch selten in Lappland, aber die herrlichen Trachten gehören auch heute noch häufig zum Alltagsleben.

Goldwaschen wird kaum noch praktiziert, dennoch gibt es in der Einöde Lapplands noch Bewohner, die damit ihren Lebensunterhalt verdienen.

En ursprunglig kåta, den gamla lappboningen, påträffas numera sällan i Lappland, men de färggranna lappdräkterna används även ofta i vardagslag.

Guldvaskandet livnär ännu ett fåtal människor i bortesta Lappland.

En opprinnelig gamme, den gamle sameboligen påtreffes skjelden i Lappland, men de fargerike samedraktene brukes ofte til hverdags. Det finnes ennå mennsker som livnærer seg med gullvasking i Lappland.

Alkuperäistä kotaa, lappalaisen vanhaa asumusta, tapaa Lapissa enää harvoin, mutta värikkäitä Lapin-pukuja käytetään vielä usein arkenakin.

Kullanhuuhdonta elättää yhä muutaman ihmisen perimmäisessä Lapissa.

Finland's countryside offers the stressed traveller a possibility to relax.

Die Natur Finnlands bietet dem erschöpften Reisenden die Möglichkeit sich zu entspannen.

Finlands natur förunnar den jäktade resenären, om han så vill, möjlighet att stanna och njuta av lugnet.

Finlands natur tilbyr turistene, hivs han vil, muligheten til å stoppe og nyte freden.

Suomen luonto suo kiireiselle matkaajalle tilaisuuden pysähtyä ja nauttia tyynestä rauhasta, ken sitä kaipaa.

Kilpisjärvi, the northwest point of Finland, unites the borders of the three countries of the Midnight Sun.
Treriksröset is located in the middle of the mountains.

In Kilpisjärvi, dem nordwestlichsten Punkt Finnlands, vereinen sich die Grenzen der drei Länder der Mitternachtssonne.
Treriksröset (Dreiländereck) liegt mitten in den Bergen.

I landets nordvästligaste spets, Kilpisjärvi, förenas gränserna till alla de tre midnattssolsländerna.
Treriksröset står mitt ibland fjällen.

I landets nordvestligste spiss, Kilpisjärvi, forenes grensene til alle tre midnattsollandene.
Treriksrøysa står midt blant fjellene.

Maan luoteisimmassa kärjessä, Käsivarren Kilpisjärvellä, yhtyvät kaikkien kolmen kesäyön auringon maan rajat.
Kolmen valtakunnan rajapyykki tuntureiden keskellä.